# 现代建筑与古代风水

丁文剑　编著

東華大學出版社

**图书在版编目(CIP)数据**

现代建筑与古代风水/丁文剑编著．—上海：东华大学出版社，2008.1

ISBN 978-7-81111-324-2

Ⅰ．现…　Ⅱ．丁…　Ⅲ．风水—关系—建筑—研究—中国—古代　Ⅳ．B992.4　TU-856

中国版本图书馆CIP数据核字(2007)第197746号

**书　　名**／现代建筑与古代风水
**编 著 者**／丁文剑(dwj700203@163.com)
**责任编辑**／张益储(zhych84@dhu.edu.cn)
**封面设计**／吴丹红

**出　　版**／东华大学出版社
**地　　址**／上海市延安西路1882号
**邮政编码**／200051
**电　　话**／021-62193056、62378061
**发　　行**／新华书店上海发行所

**印　　刷**／句容市排印厂
**版　　次**／2008年1月第1版
**印　　次**／2025年3月第12次印刷
**开　　本**／850×1168　1/32
**印　　张**／8.5
**字　　数**／216千字
**印　　数**／31001～34000
**书　　号**／ISBN 978-7-81111-324-2
**定　　价**／25.00元

# 目　录

# 第一章　绪论

传统的“风水”在我国建筑选址、规划、设计、营造中几乎无所不在。这种古老的学说虽然混杂某些迷信色彩，但是，它具有我国古代哲理、美学、心理、地质、地理、生态、景观、天文、宗教、建筑诸方面的内涵，并包含着人如何顺应自然的大量论述。风水学与营造学、造园学共同组成了中国古代建筑理论的三大支柱。以科学态度探索它，对阐明我国传统建筑理论会有所裨益。

近年来，国内外建筑理论界学术氛围发生变化，加上对景观建筑学、生态建筑学的深刻研究，越来越多的专家学者认同中国古代风水理论中的科学性及预见性。但由于中国的历史原因，对近代风水理论的研究，中国已大大落后于欧美和东南亚各国。

日本东京都立大学教授渡边欣雄说过：“我们要理解‘风水’，至少必须是有和‘风水先生’同样水准的知识，否则，将难以胜任研究工作。”那些对风水全盘否定的人恰恰是缺乏科学精神，对风水一知半解的人。其实，现代风水研究有无数的课题去做，这需要整个社会首先对风水有一个正确的认识，然后要有一帮热衷于振兴国学的学人，另外还需要一些有识之士，集中物理学、医学、建筑学、天文学、地理学的专家来共同探讨、研究，用科学精神对风水学的如“穿砂”、“路冲”等不利现象进行数据分析、测定。

在当今中国的建筑师不少盲从于西方建筑师的时候，开发中国古老的文化传统，尊重历史，重视古代理论，是我们当代建筑人的责任所在。同时也是振兴国学的重要内容。

## 第一节　风水是什么

风水观就是一种环境观。英国皇家科学院院士、著名科技史专家李约瑟说“风水是准科学”，我国古代晋人郭璞《葬经》称“气乘风则散，界水则止，古人聚之使不散，行之使有止，故谓之风水，风水之法，得水为上，藏风次之。”

风水的别称或曾用名有：堪舆、地理、形法、青囊、青乌、卜宅、相宅、图宅、阴阳等。它们的释义分别如下：

①堪舆，东汉许慎谓：“堪天道、舆地道”，堪舆即天地之道。

②地理，也称地学，风水术又叫地理之术。

③形法，班固称：“形法者，大举之势以立城郭室舍形……”后来风水术也称“形法”，风水家自称“形家”，与“堪舆”即理气宗为两大流派。

④青囊，风水术又叫青囊术，称其书为青囊书，青为木之徵，及五行为始；为春主生“始青之下”、“囊括万象”，后世称之“青囊”。

⑤青乌，风水别称青乌，得名于一著名风水家青乌子。

⑥卜宅，夏高时期，无事不卜。又有卜居、卜筑、卜室、卜地等称谓。

⑦相宅，相宅典故，及勘察规度宅地之义，遂为后世风水经旨，故看风水也称相宅，或相地，也有相墓。

⑧图宅，为堪舆家所宗之术，为看风水、相宅、相墓的别称，“图”指河图。

⑨阴阳，元朝设阴阳学，风水家，也称阴阳先生，风水与阴阳紧密相关，日本称“阴阳道”。

风水来源于古人对生命的理解。古人认为胎儿主要依赖于“藏风”提供呼吸之气，“得水”提供胞中羊水，气水兼备，生命形成生死轮回只有具备了“藏风”、“得水”，人才能投胎转世。下面是 1974 年版的《美国城市规划百科全书》中，有关中国的“风水”的解释：“不能把中国的规划设计工作看作是中央帝国的行政工作的一部分。凡是受过教育的中国人，都懂得规划设计工作的基本原则，并且在实际工作按照这个基本原则行事。他们会本能地征求‘风水先生’对任何一项工程的意见，然后从古典建筑的设计中提供给他们可鉴的答案。……一名典型的中国设计师如果没有按照坐北朝南和左右对称的传统设计某建筑物，心里会有美中不足之感、甚至会有犯罪感。两千年来的传统、风俗、习惯会使他们本能地意识到，只有坐北朝南和左右对称的建筑物，才能流芳百世，才能交好运，才能皆大欢喜。因此，即使真的有人请他在规划设计工作中遵守法令和行政部门的有关规定，他也仍然会优先考虑‘风水’的因素。如果不认真研究中国历史，就很难懂得中国的规划设计人员为什么要采取这种态度。尽管城市、大堤、运河、桥梁、道路等大型工程的地址由朝廷来选择，但是，一经选择地址，具体的规划设计方案则在很大的程度上由当地的绅士去拟定。这些地方绅士必然要去求教当地的‘风水先生’。‘风水先生’一般是受人尊敬的长者，他们对当地的气候的变化、自然灾害的规律、土地耕种的方式以及当地的风俗习惯有长期的经验。这些‘风水先生’同西方的设计人员不一样：他们终身从事看风水的职业，从不离开自己所在的地区，从不解释自己向用户提出劝告的理由。他们话说的神乎其神，若工匠们不听劝告在此大兴土木，定会招致灭顶之灾，云云。”

凡兴土木先问‘风水先生’的做法，能确保人们用较低的代价就可随时获得当地哪儿的地皮如何使用的知识，从这个意义上来说，这种做法很值得赞扬。这主要因为‘风水先生’不会提出错误的劝告，否则他要对后果负责。对一个家庭来说，兴建住宅要花掉其积累财富的很大一部分。因此，人们在兴建住宅前，势必会极其慎重地选择宅基。关于‘风水’知识的原则，只有通过长期研究从墙顶一直垂到墙根的长卷轴山水画，才能领悟。这种玄妙莫测的做法能使设计师从不同的角度审视拟议中的宅基。”

可能是对中国文化的偏爱，美国城市规划专家在这里只论述了“风水”在中国古代城市规划和城市建设中的正功能即积极一面，至于它的负功能即消极一面，则只字未提。

## 第二节　风水研究的现状

### 一、研究现状

目前，对于中国风水学持有两种截然相反的观点：一种是全盘否定，鄙视诘难，使风水的科学内涵得不到合理的发掘。这种观点割裂人类文明的传承性，必然走上“民族虚无主义”，由此引发两种社会现象：漠视、逆反、盲从和迷信。另一种是基本肯定，积极进行发掘、整理和研究，使其系统化、科学化、规范化，去粗存精、去伪存真，为保护传统城镇风貌、街区景观和古建筑特色等做出了贡献。

中国风水是科学？是技术？是文化？还是迷信？为揭示其真面目，在国外及国内的学术界正悄然掀起一股风水研究热，国外的学术界给中国风水学以很高的评价。在加拿大有风水学院、易学学院，在欧洲也有相当一批研究中国风水的博士生。

在现代中国大地上，从皇宫到民宅，从城市到乡村，尚保留着诸多风水古建筑，这是风水的活化石。在乡村还有可以给你随便聊起自己家乡风水特色的老人。难道这不值得从事建筑的人去研究吗？

我国传统建筑文化历史历经数千年的发展，形成了内涵丰富、成就辉煌，风格独具的体系。中国古代建筑包括寺观、陵墓、桥梁、皇宫等，从选址、规划、设计，几乎无不受到风水理论的深刻影响。近代，尤其“五四”以来，西方学术涌入中国，凡与当代西方科学抵触的传统学术，包括中医，曾一度被明令取缔，风水理论的渊源、沿革、宗旨、内涵及其对古代建筑实践与理论的影响、价值的研究直到20世纪80年代一直处于学术空白。

20世纪80年代我国学禁被打破，并且设立了“关于风水理论的探索与研究”的国家自然科学基金资助项目。一批学者开始涉足风水理论，出现了从历史学、建筑学、地理学、天文学、易学、哲学、美学、人类学、宗教学、心理学、医学、水文学、气象学、地质学、交通学、经济学等方面的研究人员，使中国现代风水研究分为四个学派：

一是以建筑学界为主的生态景观建筑学派；

二是以文献整理为主的文献学派；

三是以阐述人与自然关系为主的环境学派（又称人地学派）；

四是以研究房屋对人健康影响的生命学派。

有的专家在认真研究了中国传统建筑与风水学的关系后发现：中国的传统文化中有一个很有趣的现象，就是许多富有哲学思辨色彩的或科学合理的东西（如图1.1、图1.2），都被有意无意地披上一层巫术的外衣，推衍数千年之久的风水，则是典型。风水里不少是糟粕，但也内蕴着某种科学和合理的成分，如果将糟粕部分的意义和作用无谓地夸大，则会误解古代中国人对建筑空间思考的真实内涵。

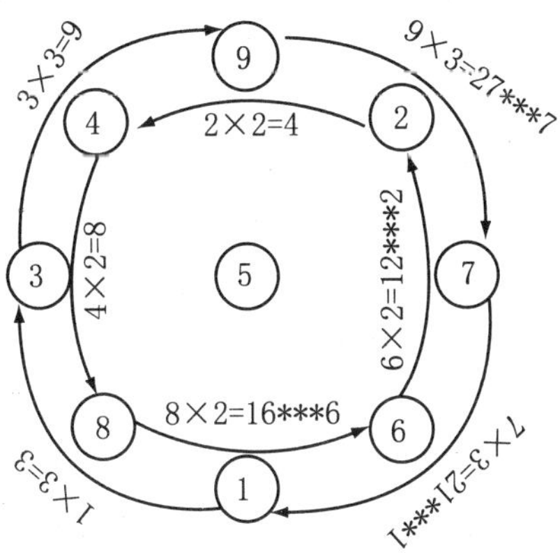


图1.1 理气宗的数字游戏各对角线和皆为15

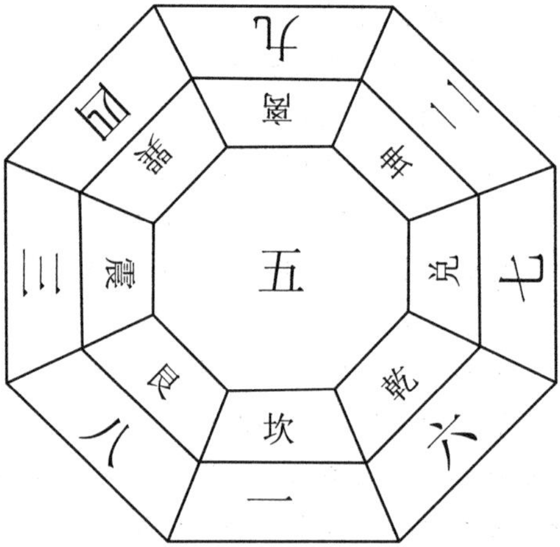


图 1.2　紫白九星元旦盘（八卦）

## 二、现代风水研究的历史背景

近几十年来，对中国古代建筑历史的研究，虽然在很多方面都有长足的进展，成就瞩目，但也存在着一些空白和缺陷。例如：中国古代建筑在空间环境的整体处理方面，包括人文景观同自然景观的有机结合，大规模建筑群的空间布局，有着与中国现代及近代西方建筑完全不同的艺术造诣和成就，这种实践有无理论指导？现代建筑为何频频出现“房屋病”？颇多疑问，人们不能不思考，是否要重新审视传统风水理论。

欧洲人的思维方式一直是重视时间和效率，它假定自然资源取之不尽，用之不竭。这种自然观其实是一种工业化的思维方式。

工业化的自然观现在依然存在，它和“风水学”的思维方式格格不入。在“风水学”里，自然是有限的决定性的因素，因而需要人类予以维护和保全。这就必须遵从风水学的“天人合一”的思想：不是文化支配大自然，而是文化要适应大自然。

人们开始对工业化和城市化的后果作总结和反思，发现人类社会的发展越来越摒弃自然，毁坏自然，将人与自然应和谐的关系推向了反面，并尝到了由此带来的“恶果”。由此，世界各地围绕“人与环境”采取了种种对策。19 世纪末，美国出现了“城市美化运动”，英国出现了“田园城市”思潮，而我国在 20 世纪 50 年代提出“城乡园林化，绿化”的对策之后，又于 1993 年 2 月召开了中国“山水城市讨论会”。钱学森提出：21 世纪的中国城市应该是集园林与森林为一体的“山水城市”（图 1.3）。黄光宇先生认为：多山国情是“山水城市”的物质基础，天人合一是“山水城市”的哲学基础，风水理念是“山水城市”的理论基础。“山水城市”的核心是人、城市与自然的和谐。李先逵先生认为：“山水城市”的思想理论基础是传统的“风水学说”，以风水理论指导形成的古典“山水城市”，具有“共生、共存、共荣、共乐、共雅”五大特征。

图 1.3　山水城市

规划学家吴良镛先生指出：中国城市把山水作为城市的构图要素，山、水与城市浑然一体，蔚为特色，形成一些特点的背景是中国传统的“天人合一”的哲学观，并与重视山水构图和城市选址布局的风水说等理论有关。因此，人们越来越重视古代城市聚落的选址原则（图 1.4）。

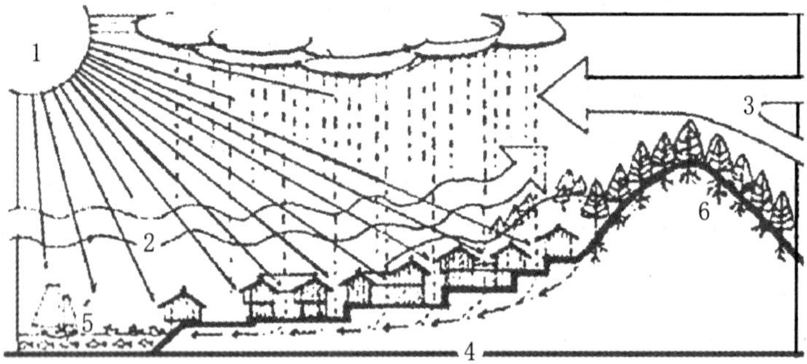


1. 日照　　2. 接受夏日南风　　3. 屏挡冬日寒流
4. 良好排水　　5. 便于水上联系　　6. 水土保持调节气候

**图 1.4　山水城市的生态关系**

同时，不少西方学者也因此更为重视中国传统建筑文化，从早期对风格独特的中国古代建筑艺术的研究，转向对其传统理论的探索，风水理论引起了英、美、法、德、日等很多国家学者们的浓厚研究兴趣，取得了不少成果。比较一致的看法是：风水理论虽然不乏迷信内容，但同时风水理论是集地理学、气象学、景观学、生态学、城市建筑学等方面学说的一种综合的自然科学。重新考虑它的本质思想和研究具体问题的技术，对我们来说是很有意义的。

对与风水理论同根的中医学，国外如日本、韩国的研究已超过国内，而目前国外包括美国、英国、法国、日本和东南亚等国的风水研究气氛越来越浓。由于各方面原因，国内的研究人员还是有限的，对风水理论的研究同样会出现令国人尴尬的局面。

在我国首先是在考古界闯入风水研究的禁区，结合古代墓葬的考古研究而探析风水理论，对古代墓葬制度的揭示有可喜突破。

另外建筑史界，也有了开拓性的探索工作，并取得一定的成果，并对古建筑的维护、新建起到了理论指导作用。

其实风水研究，需要一批各种学科，如医学、生物信息学、建筑学、地理天文学、历史学，气象学等的研究人员，成立专门的研究机构来共同研究，用统计、物理生物测定、数据图表按照科学的方法来研究，但国家科研经费尚无这方面的投入。

现代风水研究，由于国内尚无专门官方研究机构，研究主体目前还局限于民间的一些社会团体，一些和风水相关的高校专业，总的来说还是比较松散，研究成果不能相互借鉴。还有就是由于现代技术的发展，高楼大厦随处可见，机场、铁路、高速公路、电磁塔、高压线遍布各地，古代风水中的很多概念也发生了变化，如香港的一些风水师就提出了“路即水、厦即山”、“电磁煞”等的理论，其实还是有一定积极意义的。

## 第三节　古代风水理论是中国传统文化的重要组成部分

中国文化的源头是《易经》，中国文化又称为河洛文化。“河图”、“洛书”又可为古代风水学的理论基础。

风水学理论是集地理学、星象学、景观学、建筑学、生态学和人体生命学等多种学科于一体的古代建筑规划设计理论。现代研究风水，不是讲封建迷信的风水，而是传统风水学的去伪存真，其宗旨是周密考察了解自然环境，顺应自然，有节制地利用和改造自然，创造良好的居住与生存环境，赢得最佳的天时地利与人和，达到天人合一的至善境界。

风水学与营造学、造园学共同组成了中国古代建筑理论的三大支柱，风水学类似我们现在的规划学；营造学类似我们现在的工业民用建筑；造园学类似我们现在的建筑学。古人其实就是利用这三门学科，完成建筑从选址、建造、环境布置的。

风水理论在其长期的实践发展过程中，吸收融会了古今中外各门科学，包括美学、伦理学，以及宗教、礼学、民俗等方面的众多智慧，最终形成了内涵丰富，综合性和系统性很强的独特理论体系。

风水理论及其实践与中国传统建筑文化结下了不解之缘。在中国传统的文化观里，居住文化观是其重要组成部分；而居住文化观又以强调环境的和谐和环境的诗意化、人文化为其目标。无论是影响深远的桃花源模式，还是经久不衰的风水模式，都是中国传统居住文化观的重要体现。前者更多地反映了道家思想的影响，后者则传承了《易经》的思想体系，糅合了道家、儒家以及其他本土文化的内容。

风水观就是一种典型的中国文化观，确切地说是一种蕴藏着丰富哲理的，可资借鉴的人类环境观。不少诺贝尔物理学奖获得者都宣称，他们在量子物理研究领域的重大突破，都来自道家经典的启迪。因此，从文化观、环境观的角度审视中国风水，风水的研究才会有更深刻的含义。

## 第四节　分清迷信与科学、精华与糟粕是当代人的责任

风水在几千年的发展过程中被人为地掺杂了许多神秘的成分，甚至对结论有所夸大，同时也由于习俗、观念和保守心理的影响，使其真正的精粹部分混杂在迷信成分中，导致现代人们形成“风水就是迷信”的错误观念。

程建军教授认为“自从明朝以后，风水从朝廷到民间都变了味，被加进了不少迷信成分如“灰白九星”、“玄空大卦”等，带有浓厚的迷信色彩，把“风水”这门建筑科学，当成了迷信活动的学问，用来骗人赚钱的工具。

我们绝大数人并不真正懂得风水知识，主要原因有三：

1. 普通大学没有教授这方面的课程；

2. 由于江湖术士大多文化较低，他们将风水弄得神秘兮兮，从而使风水背上了很不好的名声，以至被正统学术所抑制；

3. 由于风水学本身是一门涵盖多门学科的综合学科，其综合性极强，往往超出了常人的理解范围，还没法完全渗透风水的奥秘之所在。

古代科学不发达，有很多迷信的东西，迷信和科学糅杂在一起，这是中国古文化的一个特点，许多科学的东西都以迷信的形式得以推广。封建迷信是糟粕，我们应该摒弃，而其科学的一面，应该继承和保留下来。因为在科学发展的今天，对风水不研究就加以否定本身就是迷信。上海交通大学的刘策教授提出“房屋病”的概念，是把房屋作为人来看，既然如此，给人看病有中西之分，而给房屋“看病”同样也有“中西医”之分，“西医”即西方传播过来的现代规划学、现代建筑学，而“中医”恰恰是中国古代风水理论。古代中医同样也有很多迷信，巫术成分，通过不断发展，去其糟粕，取其精华，现代中医才得以发扬光大。同样对风水学也要分清精华与糟粕加以研究。

在风水学的理法、形法中，理法迷信成分较重。理法中主要讲求的时辰、年、月和卜命术相似，最著名的是“九星术”（图1.5）。

| 四绿 | 九紫 | 二黑 |
|---|---|---|
| 三碧 | 五黄 | 七赤 |
| 八白 | 一白 | 六白 |

图 1.5 九星图

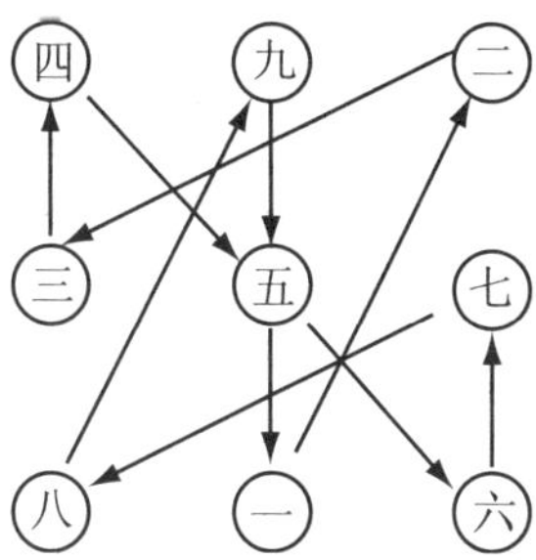


图 1.6 顺飞图

按照箭头，变化一次图形，年月日都是这么循环变化的（图1.6）。按照这种方法进行算卦，九星家说：这是天意的奥妙，不是凡人所能了解，而实际上它一点秘密也没有，它的变化存在规律，只要把各区域的数减去一，从九宫数循环，换以相应的星名就可以了，是个数字转换游戏而已。而形法中科学的成分较多，美学、地质学、土力学、物理学、磁场学、环境学、土壤学都有科学的依据作为它的理论支撑。

做风水研究要层层剖析，直至搞清楚风水的内涵和本质。（图1.7）

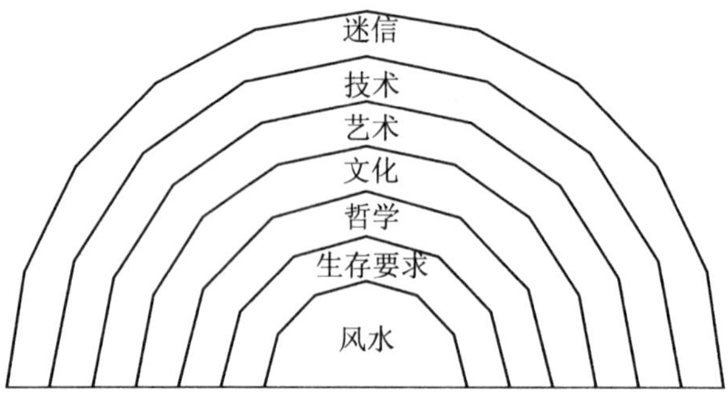


**图 1.7　风水内涵剖析图**

## 第五节　本书的主要内容

本书在对建筑环境和中国古代风水理论的关联进行总结、分析、研究的基础上，做了以下几个方面的工作。希望能对古建筑的保护和现代盛行的古典建筑翻建、重建提供一些概念。并在现代建筑的设计、规划中，提供科学的古代风水理论借鉴。

1. 从历史的角度，对古代风水理论进行分类、研究，对其哲学文化内涵、数理法则、风水理论的局限性进行总结。对古代风水理论的作用、概念进行系统的总结和剖析。

2. 从建筑选址的角度，着重研究总结选址与风水理论关联的土壤、水流等要素，用现代科学理论验证一些风水理论的科学性，并对古代城市和聚落的布局的风水要求进行分析，阐述其中的科学因素和对现代规划的借鉴作用。

3. 从建筑物的角度，分析古代建筑物的形、神、势，并从生态建筑学、景观建筑学的角度和古代风水理论进行比较，揭示古代风水理论与现代建筑学的哲学内涵的统一。

4. 从室内设计的角度，结合港台风水研究的一些说法，对家庭、公司的室内摆布的风水要求运用现代建筑平面、装饰设计的要求进行剖析，证明风水上的要求和现代建筑学的要求是异路同归。

# 第二章　风水理论

《黄帝宅经》有一句十分重要的话："夫宅者乃是阴阳之枢纽，人伦之轨模"。它的意思是，建筑就是那介于天地之间阴阳之气聚集交汇的场所，是人类社会生活准则的空间存在模式。这句话前者反映了建筑的自然属性，后者反映了建筑的社会属性。这是一种大建筑观或全面建筑观，这是站在整体辩证思维的高度，以宏观的视野道出了建筑的哲理内涵，是建筑的哲学性定义。

风水，作为中国古代的建筑理论，可以说是中国传统建筑文化的重要组成部分。它蕴含着自然知识、人生哲理以及传统的美学、伦理观念等诸多方面的内容。实际上，风水也可以说是中国古代神圣的环境理论和方位理论。风水理论，在景观方面，注重人文景观与自然景观的和谐统一；在环境方面，又格外重视人工自然环境与天然自然环境的和谐统一。风水理论的宗旨是：勘查自然，顺应自然，有节制地利用和改造自然，选择和创造出适合于人的身心健康及其行为需求的最佳建筑环境，使之达到阴阳之和、天人之和、身心之和的至善境界。在自然环境、自然方位上，风水理论总结了与建筑相关的天文、地理、气象等方面的自然知识和相应的生活经验，如把"背山、面水、向阳"看做是最好的自然方位。从环境建筑学的角度来看，这些都是有一定科学道理的，也是值得认真地加以研究和借鉴的。在文化环境、文化方位上，风水理论则是以河图、洛书、八卦、五行等易学文化为基础，通过建筑布局、空间分割、方位调整、色彩运用、图案选择等隐喻和象征手段，来实现其对于身心之和的环境追求。然而，这只不过是以心理暗示的方式表达了人们的一种美好愿望罢了。从建筑心理学、环境心理学和行为建筑学的角度来看，这里也有诸多值得研究和借鉴之处。

## 第一节 风水的起源、发展及流派

### 一、风水的起源

黄土高原地区也就是绵延起伏的山丘和黄河流域附近的地区，可能就是中国古代风水的发源地，原因有：

1. 中原本来就是中华民族的发源地，黄河本来就是中华民族的母亲河。

2. 自古人就喜阳恶阴，黄河北侧的城市皆为阳，如洛阳、咸阳、信阳。

3. 中原地势西北高，东南低，和风水理论要求相符。

4. 在中国古代的颜色宇宙论中，红色象征南方；黑色代表北方；青色象征东方；白色代表西方；而黄色象征中心。五行、五色代表着中国北方以黄土高原为中心四个方向的自然环境条件。例如：红色暗示火，朝南的房屋冬天较温暖。黑色暗示阴冷，把水定为北方用以熄灭温暖之源的火。东方是太阳升起的方向，它与生命、活力联系在一起。青色是生机的象征，由东方来代表才合适。西方和白色代表冷却、萧杀，是中国西部沙漠景观的象征。中央的象征在五色中是黄，在五行中是土，黄和土结合起来就是黄土。

5. 从历史文档和出土文物也证明黄河流域为风水的发源地。

6. 从“相土尝水”的原则，古代黄河流域应该是古代风水的发源地，因为黄河地区土壤是坚硬、细腻的黄土，符合相土的要求，而黄河支流众多，水质清澈，符合风水对水的要求。

根据已有的考古发掘资料的历史研究成果，可以初步推断出我国古代的风水学是从商周时代（公元前 16 世纪至公元前 7 世

纪）的占卜发展起来的。而最早的青龙、白虎图形出土在仰韶文化时代的墓葬中，仰韶文化距今有6500多年历史。（图2.1）

图2.1 出土于仰韶文化时代墓葬的青龙、白虎图形

说风水学渊源于古代占卜，理由有三：

1. 商周的占卜已有相土勘察自然地理环境的内容，例如《史记》、《尚书》记载周代建洛邑，进行了占卜；

2. 至少到了西汉，占卜已形成一个独立的学科称之为“术数”。“术数”之中包括风水分支学科。《史记日者列传》说，汉武帝时已有“术数”堪舆家；

3. 风水学的理论基础——阴阳五行学说，是建立在周易八卦基础之上的。

## 二、风水发展过程

古代风水学经历了如下几个发展阶段：

1. 商代：风水学处在朦胧状态

当时的占卜完全信任苍天的“意志”。已发现一条商代甲骨卜辞说："王封建邑，帝若"。这条卜辞只是是与否的答案。《尚书·商书》记载：商代都城迁移过很多次，每次迁都，臣民都有怨言。《尚书·汤誓》说："汤即胜夏，欲迁其社，不可"。《盘庚上》说："盘庚五迁，将治亳，民咨胥怨，作盘庚三篇"。意即说，我们的君王迁来这里，是为了我们臣民不受伤害，不能常居住在一个地方，迁了五次，如果现在不承天命，就不知老天断定的命运。从以上这些情况，可看出商代的卜问，尚不知自觉动用相土风水观念，建都活动处于听天由命的自发状态。这是由远古人类对自然界的无知，对很多自然现象归于天意，占卜是对自然界无奈而寻找的一种心灵的寄托。

2. 西周：原始风水学萌芽

《尚书·吕诰》说："在王为丰，欲宅洛邑，使召公先相宅"。相宅即是原始风水学。流传下来的周初 50 多年的民间文学作品《诗经》也有不少类似相土记载。如《绵》诗，记述周人自太王迁岐，文王创业建国历史："周原朊朊，堇荼如饴。爰始爰谋，爰契爰龟，日止日时，筑室于兹"。"乃慰乃止，乃左乃右，乃疆乃理，乃宜乃亩，自西徂东，周爰执事"。说经过策划，又占卜问卦，该地适宜居住，于是决策建都，分出了东西、左右，将都城建设得很严整。在《文王有声》篇中说："筑城伊域，作丰伊匹"（意为筑城要挖河，丰城出人小两邑相配合）。"王公伊濯，维丰之垣"（意为文王建国是一件大事，丰城修建了城墙）。"考卜维王，宅是镐京。维正龟之，武王成之，武王盛哉"（意为文王进行占卜完都在镐，卜辞得到吉兆。武王将都城建筑完成，真是一代君主）。最后说："丰水有芑，武王岂不仕，治厥孙谋，以燕翼子"（意为丰水之旁生长着美丽的芑草，武王的功业岂不兴盛？他顺民心传后代，造福子孙）。从上面可以看出，周代文王武王兴建的丰镐两城，是成功的，得益于一种"维龟正之"的原始风水理论。说明占卜已渗入城市规划中。

3. 东周、春秋：风水学呈多样化发展

当时的东周是一个战争频繁、谋士众多、诸子百家争鸣的时代，思想理论很活跃。在筑城方法方面也有不少主张。风水学随着筑城理论的完善而呈多样化发展。

一种是以伍子胥、范蠡为代表的“象天法地”、“相土尝水”理论。如伍子胥在完成吴王构筑阖闾城（今苏州）的任务时，建陆门八座，象天之八风，水门八座，似法地之八封。范蠡在规划国都时，其筑城法是“观天文拟法于紫宫”，城墙城门皆象天门与地户。

另一种是以管子为代表的利用自然条件，依山傍水思想。管子以地理环境和经济实用为出发点，提出选择都城应当“非于大山之下，必于广川之山。高勿近旱，用水足，……”。指出要处理好山、水与城的关系，成为以后风水学理论的重要核心。

4. 秦汉：风水学大量吸收天文观测和天体探索成果，同时受天人感应哲理影响，迷信成分有所增加。

秦代在宫殿的规划建设中大量使用模拟天体法。《史记》载秦始皇建信阳宫，改名为极庙，象征天极；还把很多组宫殿象征着天空中的一些星座，将附近的山巅当作宫城的城阙。

汉代各种文艺作品和史籍对天体日月星座皆表现出浓厚的兴趣，特别是大量的墓葬出土的画像石都有描述天体与动物的图案；另外还有陶制的楼阁说明天体问题，即周代提倡的“上律天时，下袭水土”的风水观念，更加影响城市规划。

5. 三国、晋、南北朝：风水学渗进环境形胜观念，宗教意识进一步强化

三国南北朝时代，社会动荡，黄道思想盛行，佛教影响开始增强。

在三国鼎立时，蜀相诸葛亮善于观察天文、地理，民间传说他能将天文与人事祸福联系起来，可能是形成“形胜”理论的重要基础。他对金陵的地理形势归纳的两句话：“钟阜龙蟠，石头虎踞”，是“帝王之宅”，证明他也是风水始祖之一。因此，后世的“形胜”，常常把龙、虎等动物形象比拟山川，成为风水学的主要

内容。清代乾隆年间编写的《四库全书》说：“术数之兴，多在秦汉以后”。这个概括是很有道理的，从理论与实践来看，东晋时代的郭璞最具代表，他所著的《葬书》使他成为风水堪舆的一代宗师。《葬书》是历史上第一本总结墓葬择地的风水总论，其思想也影响了城市的规划与建设。郭璞曾当过地方官多年，他在温州当地方官时，规划建设了温州城，利用温州的山水地形，将七座小山连成城墙，以拟为北斗，很有特色。温州斗城可能在历史上完全是以风水学理论建设起来的城市。(图 2.2)

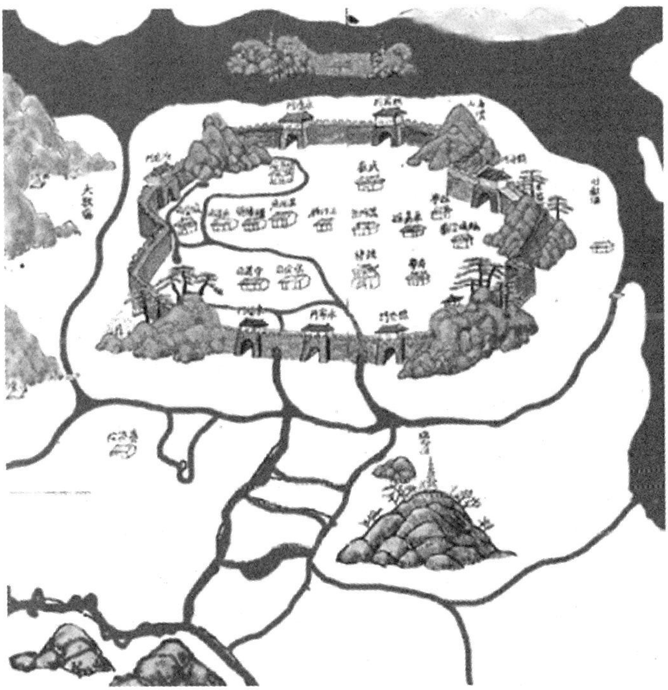

图 2.2　温州县境图

6. 隋、唐、宋、元：风水学开始向民间广泛发展

在隋唐，因佛教和道教的相互对峙，风水学在城市中有所淡

化。在民间则发展较广，星命学、签书学盛行。

在宋代，佛教又开始兴盛，盛行忏悔学，都在庙里进行。以后发展为测字，多用于测算人的命运。这时期风水学主要用于住宅的相地。宋代建庙宇很多，佛寺、道观中的风水观念很强，发展了一种环境风水观念。特别是南宋都城临安，讲究湖光山色，使风水学中的环境协调观念得到充分的发展与完善，加之文学渲染，对明清时代的城市规划影响很大。

7. 明、清：风水学不断完善、深化、成熟，迷信成分大增

明、清两代是风水学又一个发展高潮。历史资料分析表明，这可能与当时明太祖朱元璋的创导及当时封建社会的文化思想发展有关系。

南京城开始的规划建设，是朱元璋听取朱升、徐达、刘伯温等人的主张建筑的，气势宏大，山、水、城相连，蜿蜒曲折，与历史上中原地区的传统都城大相径庭。另外，明代在昌平建陵墓区，规划建设完全按风水理论。

清代康熙、乾隆等一代君主并不相信风水。康熙亲自选址规划的避暑山庄（图 2.3），是反映他本人的地理环境观；乾隆在改造万寿山——昆明湖时，也是有自己的主张，历史记载他还驳斥了一些堪舆家的说法。

8. 民国至今：第一次世界文化浪潮汹涌澎湃高潮之时，是 20 世纪之初。那是西学东渐、中西文化撞击的一个高潮期。西方近代科学文化及地理学、建筑学传入中国。当时潮动的方向，对中国传统文化大都借助西学方法来整理研究，凡与西方传统学术概念相抵触的中国传统学术，包括中医、中药与建筑文化风水地理在内，往往被蔑视，甚至笼统简单地一概斥之为“迷信”。当时北洋政府在世风的影响下明令禁止中医、中药和风水。在过去的“文化革命”运动中，以“改造自然”、“人定胜天”为口号，这与风水“尊重自然”、“构建人与自然和谐”，尊重人的生理和心理的个性，追求人与环境和谐吉祥的目标格格不入。在“彻底清除旧

图 2.3　避暑山庄鸟瞰图

社会物质文化”的口号之下，拆除大量古城墙、古建筑、历史名人宅居。

20 世纪 70 年代起直至当今，世界文化全球化浪潮汹涌澎湃地进入了另一个新高潮。相反，当今国际上研究中国传统文化的学术机构、学术刊物如雨后春笋，中国古代的儒家文化思想以及风水也受到了世界许多国家和人群的欢迎。

## 三、风水学的流派

中国风水学在长期的历史发展过程中，随着人类认识及科技进步不断充实完善，由于认识偏重之差，形成了几种流派。其中，最基本的有两大宗派：

一种是形势宗，注重在空间形象上达到天地人合一，注重形峦，诸如：“千尺为势，百尺为形”，所以又称形法、峦头、三合；也称三才派（天地才三才）。

另一种是理气宗，注重在时间序列上达到天地人合一，诸如：阴阳五行、干支生肖、四时五方、八卦九风、三元运气等，所以又称三元、理法。

中国风水学中“形法”主要为择址选形之用；“理法”则偏重于定室内外的方位格局；此外，还有“日法”用于选择吉日良辰以事兴造；“符镇法”为补救各法选择不利的措施。

中国风水学按照应用对象又分为阳宅风水和阴宅风水。阳宅风水即阳宅相法，专司生人居住的城郭住宅的择址布形；阴宅风水即阴宅葬法，专司死者的陵墓坟冢的择址布置。古代阴宅风水盛行是由于古人认为“生死轮回”，因此在墓穴中会设置一些钱币等生活所需的物品，同样阴宅也要讲求风水，而且认为古人的风水位置会对后人的祸福兴衰有影响。

中国风水学又因住宅所处环境不同，有所谓井邑之宅、旷野之宅、山谷之宅等区分，如《三元地理》在风水学应用上又各有所侧重。对于旷野之宅和山谷之宅，因其与周围自然地理环境关系密切，多注重形法；对井邑之宅，因其外部环境的限制，常以形法、理法并举。

中国风水学的形势派，注重觅龙、察砂、观水、点穴、取向等辨方正位；而理气派，注重阴阳、五行、干支、八卦九宫等相生相克理论，并且建立一套严密的现场操作工具——罗盘，确定选址规划方位。中国风水学无论形势派，还是理气派，尽管在历史上形成了众多的实际操作方法，但是都必须遵循如下三大原则：一是天地人合一原则；二是阴阳平衡原则；三是五行相生相克原则。

毫无疑义，风水理论虽如前文所述，蕴有相当丰富的哲学、科学、美学内涵，但它毕竟受到历史条件的巨大限制，尤其是世俗迷信思想的深重影响，以至于过分的玄奥，过多的糟粕，使风水说自古迄今受到种种非议和鄙薄。在当代建筑理论界，随着社会科学与自然科学及技术的巨大进步，在学术思潮发生重大转折之际，风水理论引起了西方发达国家很多学者的关注、批判和研究，且予以很高评价并尝试运用风水理论解决目前现代建筑不能解决的问题。本书归纳有关文献，对阳宅相法中一些影响较大的主要方法、理论及其流派传承，作了简要说明。实际上，作为风水术的重要组成部分，对古代居住建筑产生深刻影响的阳宅相法，乃是一种混杂了大量巫占迷信禁忌内容，但同时也含有很多经验科学理论的古代“准科学”。《黄帝宅经》说：“宅以形势为身体，以泉水为血脉，以土地为皮肉，以草木为毛发，以舍屋为衣服，以门户为冠带”，概括而形象地喻明了住宅外部环境审辨选择的主要内容。《阳宅会心集》也说：“一层街衢为一层水，一层墙屋为一层砂，门前街道即是明堂，对面屋宇即为案山”。从理论上堪舆风水的两种流派，形势宗（峦头宗）和理气宗的共同之处，也就是风水术的根本，是认为山形水势、道路树木、方位朝向，决定人们的命运。差别是，形势宗比较直截了当，有什么样的山水模式，就有什么样的吉凶祸福；理气宗更会玩弄玄虚，在山形水势之外，还要拉扯上八卦、本命、时令、五音、五方、五色、二十八宿等等，作一番装腔作势的推演，有的还要掺和上占卜。理气派里又有小宗派，大小宗派都说别人是假的，别人不行，只有自己才是正宗嫡传。

## 第二节 “八字”、“河图”、“洛书”、“阴阳”、“五行”

### 一、“河图”、“洛书”是八卦的起源

研究风水必须要了解“八字”、“河图”、“洛书”。

年月日时，古人又称“四柱”即年柱、月柱、日柱、时柱，每柱有一天干和一个地支，加起来共八个字，所以称为“八字”。先得准确地推出人、事物的领先字，这在风水学中至关重要。

河图与洛书是中国文化发展的起源，称中国文化叫“河洛文

化”。

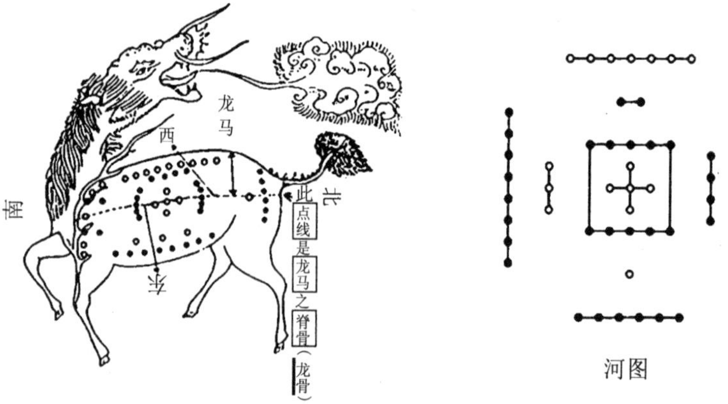


图 2.4 河图

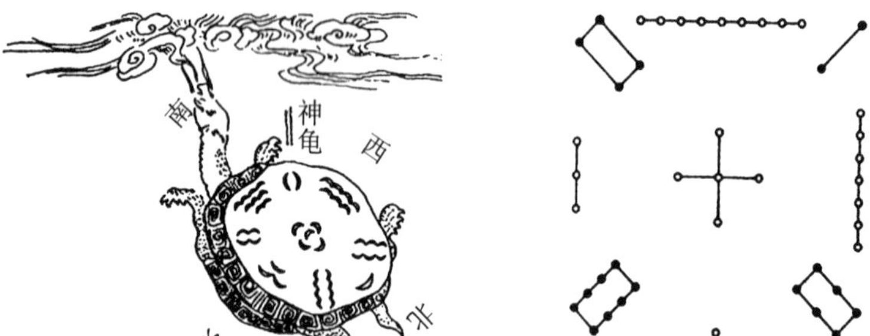


图 2.5 洛书

河图（图 2.4）与洛书（图 2.5）是中国古代流传下来的两幅神秘图案，历来被认为是河洛文化的滥觞，中华文明的源头，被誉为“宇宙魔方”。相传，上古伏羲氏时，洛阳东北孟津县境内的黄河中浮出龙马，背负“河图”，献给伏羲。伏羲依此而演成八卦（图 2.6、图 2.7），后为《周易》来源。又相传，大禹时，洛阳境内洛河中浮出神龟，背驮“洛书”，献给大禹。大禹依此治水成功，遂划天下为九州。又依此定九章大法，治理社会，流传下来收入《尚书》中，名《洪范》。《易·系辞上》说：“河出图，洛出书，圣人则之”，就是指这两件事。河图上，排列成数阵的黑点和白点，蕴藏着无穷的奥秘；洛书上，纵、横、斜三条线上的三个数字，其和皆等于15，十分奇妙。对此，中外学者作了长期的探索研究，认为这是中国先民心灵思维的结晶，是中国古代文明的第一个里程碑。《周易》和《洪范》两书，在中华文化发展史上有着重要的地位，在哲学、政治学、军事学、伦理学、美学、文学诸领域产生了深远影响。作为中国历史文化渊源的河图洛书，功不可没。

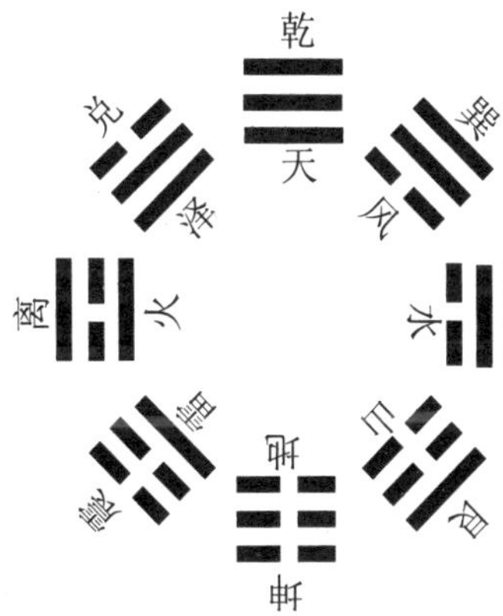

图 2.6　先天伏羲八卦

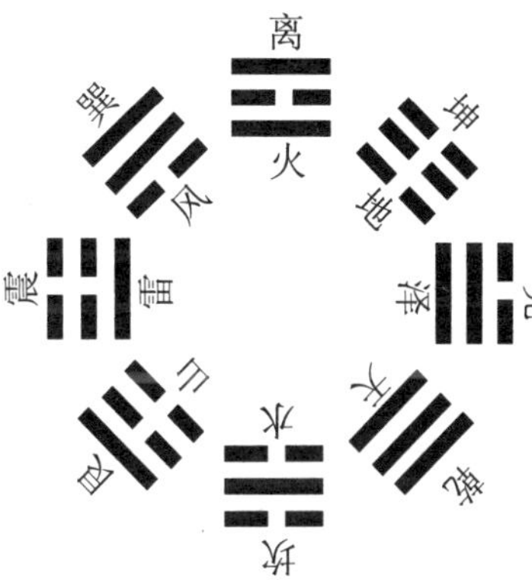

图 2.7　后天文王八卦

河图洛书释义：

《易·系辞上》：“是故天生神物，圣人则之；天地变化，圣人故之；天垂象见吉凶，圣人象之；河出《图》，洛出《书》，圣人则之。”孔子相信河图、洛易的存在，并以二者作为圣人作《易》的四条依据之一。

对河图，洛书的图形，文献一直保存至今。河图实际是1～10排列而成，5和10构成中宫，奇数为阳，白色，代表天数（生数）；偶数为阴，为黑，代表地数（成数）。洛书实际是九宫，即

1~9 排列而成，横，竖，斜三个数相加之和都是 15。河图、洛书形式不同，本质相同，都表示历法和卜筮，四面八方，四时八节，八卦，九宫及五位统一的体系。十月太阳历与《河图》有相通之处，原因在于它们有同样的源头。

阴阳五行说，是我国先民在接触各种事物与现象的实践中，通过观察与思考而建立的一种影响很大的哲学思想观念。它是一种自发的朴素的唯物论，并具有辩证法的初步思想因素。“一阴一阳谓之道”是阴阳学说的精髓。阴阳五行，是我国人民所独创的一种学说，广泛渗透于中国古代科技文化的各个领域。中国风水学的各个方面均遵循这一原则。阴阳与五行是两个基本概念。

## 二、阴阳学说

阴阳概念起源于夏朝，其依据是成书于夏朝的《连山》一书。《连山》书中出现阴爻“——”和阳爻“—”。《山海经》称：“伏羲得河图，夏人因之，说《连山》；黄帝得河图，商人因之，曰《归藏》；烈山氏得河图，周人因之，曰《周易》”。

阴阳学说将宇宙世间万物分为阴与阳两大类，认为一切事物的形成发展与变化，全在于阴阳两气的运动与转换。阴阳概念，最早时来自阳光的向背，物体向阳的一面叫阳，背阳的一面叫阴。继而不断引申，进一步广泛解释自然界的所有现象。阴阳概念成为阴阳学说是周朝以后，特别是《易经》对阴阳进行了全面概括，成为系统、完整的阴阳学说。

1. 阴阳属性

世间任何事物均可以分为相反的两个方面，即阴与阳。阴阳现象无所不在。阴阳的划分规律是：凡类似明亮的、上面的、外面的、热的、动的、快的、雄性的、刚强的以及单数的属阳；凡类似黑暗的、下面的、里面的、寒的、静的、慢的、雌性的、柔弱的以及双数的都属阴。“阴”令人联想起寒、云、雨、女性以及里面和黑暗。“阳”令人联想起日光、炽热、春夏两季、男性。

孤阴不生，孤阳不长，任何一方失去对另外一方的依存，就没有什么阴阳可言。

山为阴，水为阳，山无水不变，水无山不合。

2. 阴阳规律

阴阳互根，是指事物或现象中对立着的两个方面，具有互相依存，互相为用的特点，处在一个统一体内。阴与阳的每一个侧面都以另一侧面作为自己存在的前提，即没有阴，阳不能存在；没有阳，阴也不存在。《素问阴阳应象大论》曰：“阴在内，阳之，阳在外，阴之使也”。阴阳对立，即是指自然的万物万象，其内部同时存在着相反的两种属性，即存在着对立的阴阳两个方面。诸如：电有正负极，磁场有阴阳极（南北极），原子由“正”电子和“负”电子构成，建筑物有阴面、阳面，山南为阳，水南为阴等等。阴阳转化，是指事物或现象的阴、阳两种属性，处于动态平衡之中，此消彼长，彼进此退，且在一定条件下向其对立面转化（图 2.8）。《易经·系辞》曰：“日往月则来，月往日则来，日月相推而明生焉。寒往则暑来，暑往则寒来，寒暑相推而成岁月焉”。俗称“风水轮流转”即是阴阳转化运动中的结果。

图 2.8　阴阳太极图

中国古人对阴阳依存、对立、转化的论述，在一定程度上具有现代唯物辩证法的世界观与认识论的观念。阴阳始终处在动态平衡中，如果这种变化出现反常，即是阴阳消长的异常反应。《易经·系辞》曰“阴阳合德，而刚柔有体”。中国风水学就是人类在居住选址、规划、建筑活动中，寻求阴阳平衡的具体科学技术。

## 三、五行学说

五行学说的产生，学术界至今仍处于争议之中。

史学界认为："五行学说的创始人是孟子。孟子是五行学说的创始者，孟子说五百年必有王者兴，由尧舜至于汤五百有余岁……由文王至孔子五百有余岁……等近乎五行推运的说法。比孟子稍后的邹衍，扩大五行学说，成为阴阳五行家"。

哲学界认为："五行的明文见于《尚书·洪范》（相传为西周初年文字，据考证可能是战国时代所作）。五行：一曰水，二曰火，三曰木，四曰金，五曰土；水曰润下，火曰炎上，木曰曲直，金曰从革，土曰稼墙"。

易学界认为："五形学说是与阴阳学说同步产生的"。

周敦颐在《太极图说》："无极而太极。太极动而生阳，动极而静；静而生阴静极复动。一动一静，互为其根。分阴分阳，两仪立焉。阳变阴合，而生水、火、木、金、土。五气顺布，四时行焉。五行，一阴阳也；阴阳，一太极也；太极，本无极也。五行之生也，各一其性。无极之真，二五之精，妙合而凝，乾道成男，坤道成女。二气交感，化生万物，万物生生而变化无穷焉。"

由此可知，阴阳五气化生万事万物，万事万物按性质分属阴阳及水、火、木、金、土五行之一。这就是阴阳理论的核心。

1. 五行属性

"金"字，许慎《说文解字》解释为："金者，禁也。阴气始起，万物禁也。土生金，字从土。左右注，像金在土中之形也。"

"木"字，《春秋元命苞》的解释是："木者，触也。触地而生。"许慎《说文解字》解释为："木者，冒也。"

"水"字，《释名》、《广雅》、《白虎通》解释为："水，准也。平准万物。"《春秋元命苞》的解释是："水之为言演也。阴化淖濡，流施潜行也。故立字两人交，一以中出者为水。"

"火"字，《白虎通》解释为："火之为言化也。阳气用事，万物变化也。"许慎《说文解字》解释为："火者，炎上也。其字炎而上，象形者也。"

"土"字，《春秋元命苞》的解释是："土之为言吐也。含土气精，以生于物。”许慎《说文解字》解释为：“土者，吐生者也。”

汉董仲舒在《尚书·洪畴》中将五行抽象为五种物质属性。五行学说归纳客观世界是由金、木、水、火、土五种最基本“元”构成的，自然界种种事物和现象（包括人在内）的发展和变化都是这五种“元”不断运动和相互作用的结果（表 2.1）。金、木、水、火、土之间的相互对立、依存和转化是宇宙间万事万物生生灭灭的规律和原因。这个观念是朴素而又唯物的，与近代科学“元素周期表”和“物质不灭规律”极其相似，有异曲同工之妙。

表 2.1 五行归类表

| 五行 | 水 | 木 | 火 | 土 | 金 |
|---|---|---|---|---|---|
| 五脏 | 肾 | 肝 | 心 | 胃脾 | 肺 |
| 五窍 | 耳 | 目 | 舌 | 口 | 鼻 |
| 五体 | 骨 | 筋 | 脉 | 肌 | 皮 |
| 五志 | 恐 | 怒 | 喜 | 思 | 忧 |
| 五音 | 羽 | 角 | 徵 | 宫 | 商 |
| 五色 | 黑 | 青 | 赤 | 黄 | 白 |
| 五味 | 咸 | 酸 | 苦 | 甘 | 辛 |
| 五气 | 寒 | 风 | 暑 | 湿 | 燥 |
| 季节 | 冬 | 春 | 夏 | 长夏 | 秋 |
| 方位 | 北 | 东 | 南 | 中 | 西 |

东方属木，颜色是青色，所以东方的山为左青龙（图 2.9）；西方属金，西面的群山为右白虎（图 2.10）；前面为南方，南方属火，色属赤红，所以南面的为朱雀（图 2.11）；我们所背为北方，北方属水，色属黑，故北面为后玄武（图 2.12）（黑龟蛇）。

图 2.9　汉青龙

图 2.10　汉白虎

图 2.11　汉朱雀

图 2.12　汉玄武

五行特性：

木——具有生发、条达的特性；

火——具有炎热、向上的特性；

土——具有长养、化育的特性；

金——具有清净、收杀的特性；

水——具有寒冷、白下的特性。

人的姓按五音分配，以五音为标准“巩、龚归入宫音；杨、王归入商音；毛、曹归入角音；李、席归入徵音；刘、余归入羽音”。

“欲得商，舌梁张。欲得徵，舌主齿。欲得角，舌缩壳。欲得宫，舌隆中。以切韵定五音，喉音宫，齿音商，牙音角，舌音徵，唇音羽”。

五姓与五音、五行、五方结合推断吉凶福祸。

姓李的归徵，五行属火，北方属水，水火不容，因此姓李不宜北向等。这种毫无道理的游戏，无自然科学规律可言。

2. 五行的规律

五行学说认为：五行之间具有相生相克的规律（图 2.13）。

（1）五行相生

火生土，是当烈火燃烧一些物件后，物件便会化为灰烬，这灰烬就是土，故曰火生土。

土生金，是我们从大地上挖掘出金矿，矿石是土，但却蕴藏了黄金的品质，经提炼后，便造出了纯净的金块金饰，故曰土生金。

图 2.13 五行生克图

金生水，金如果被火熔解，金便形成液体状态，此液体便被视为水的一种，故曰金生水。

水生木，这道理非常浅显，树木的成长需要水的灌溉滋润，因此是水生木。

木生火，这道理也很简单，古人是钻木取火的，火来自木头，所以也就是木生火。

一种解释金融化成液体，生水。

古人海水取淡水，加热，水气遇金，凝结成水。

（2）五行相克

火克金，是因为坚固的黄金在烈火燃烧下，便会一点一滴地熔化，所以是火克金。

金克木，是因为金属可以造成刀剑斧头，这些工具可砍断树木，故金克木。

木克土，是因为树木在成长时，其树根会不断在上下伸延，它能突破所有土壤和岩石，以尽其所能抓紧泥土并吸收水分，所以是木克土。

土克水，是因为土能够造成墙壁或堤坝，起到挡水的作用，这就是所谓的“水来土掩”，故土克水。

水克火，这道理也十分浅显，任何火灾、任何火种，只要有水泼于其上，都能够减轻火势，甚至熄灭，谓之水克火。

关于五行相克的原因，《白虎通》解释为：水可以克火，是由于以多压少；火可以融金，是由于以精催坚；金可以克木，是由于以刚胜柔；木可以克土，是由于以固制散；土可以克水，是由于以实掩虚。《金匮经》认为：五行各有相恶，故金入火而销洋，火入水而灭亡，水遇土而不行，土得木而肿疮，木缝金而折伤。

在生克关系遭到破坏时，就会出现“木”气侮“金”的情况，又出现相乘（乘虚侵害的意思）的关系和相侮（恃强凌弱的意思）的关系，比如：金克木，木克土，如果遇到“木”气亢盛，“土”气虚衰，“金”又不能正常克制“木”的时候，亢盛的“木”不仅要乘“土”之虚而制之，发生超过正常限度的克制，也就是说“木”乘了“土”，而且还会反过来欺侮本来克制自己的“金”，也就是说“木”会侮“金”，如果遇到“木”气亢盛，“土”气虚衰，“金”又不能正常克制“木”的时候，就会出现“木”反侮“金”的情况；如果遇到“木”气虚衰，则不仅导致“金”乘“木”，还会出现“土”反侮“木”的失去正常协调关系的后果。

图 2.14 北京故宫

故宫（图 2.14）是中国古代建筑中最具典型意义的代表，建筑轴线 15 里，是世界之最，也体现洛书的方位常数 15 之数。在色彩上，宫墙、殿柱用红色，红属火，属光明正大；屋顶用黄色，黄属土，属中央；皇宫东部屋顶用绿色，属东方木绿，属春，皇子居东部；皇城北部的北一门，墙色用黑，北方属水，为黑。单体建筑，也因性质选色。藏书的文渊阁，用黑瓦、黑墙，黑为水，可克火，利于藏书。二层的文渊阁室内，上层为通间一大间，下层分隔为六间，体现“天一生水，地六成之”的易学思想。天安门至墙门不栽树，意为南方属火，不宜加木，木生火在此不利于木结构防火。

(3) 建筑的造型与五行有关

木形建筑：高大，屋高宇峻，类似烟囱。

金形建筑：底方上尖，有高有低，主房高大，两侧有耳房。

水形建筑：低矮，如山城，丘陵地带的低矮房子，围墙也形成高低不平状为水形。

土形建筑：方正，不高偏矮。

火形建筑：外形与金形类似，但外形如“火”。

(4) 建筑装饰材料也与五行有关

火性材料：塑料与人工的材料，灯具等。

金性材料：金属制品，不锈钢、铜等。

水性材料：鱼池、玻璃、柔性材料。

土性材料：陶器、沙锅。

木性材料：木质材料、家具等。

中的象征在五色中是黄色，在五行中是土。当中国字“黄”和“土”结合起来，就形成了中国用语“黄土”，早期的中国文化就是从这块黄色的土地上产生出来的，并扩展到黄土高原以外的地区。古代中国人认为黄土高原是世界真正的中心。甚至现代中国人称自己的国家为中国。它的涵义是中心的国家。

古代中国人以黄河中游，关中一带为地中。地中以东，气候温暖，有些地方常年低洼积水，土壤内缺少氧气，造成多量还原性亚铁，土呈蓝青色，故以木配春季，东方，青色；地中以南，气候炎热，高温多雨，土壤淋溶严重，营养元素大量流失，而铁，钴等含水氧化物相对积聚起来，于是呈现遍地红壤的现象，故以火配夏季，南方，红色；地中以西，气候温凉，内陆干燥，土壤中含有较多的碳酸钙和硫酸钠，土色灰白如粉，故以金配秋季，西方，白色；地中以北，气候寒冷，分布着富含腐殖质的肥沃黑土，故以水配冬季，北方，黑色；而地中气候适宜，到处覆盖黄土，故以土配以长夏和四季，中央，黄色。北京故宫社稷坛五色土祭坛就是国土五色的真实缩影。

3. 五行与中医

五脏的五行属性：肝喜条达而恶忧郁，有梳泄的功能，故属“木”；心阳有温煦之功，故属“火”；脾为生化之源，故属“土”；肺有肃降作用，有清肃、收敛的特性，故属“金”；肾阴有滋养全身的作用，故属“水”。

五脏对五色，肝脏不好的人脸色发青，心脏不好的人脸色发红，脾胃不好的人脸色发黄，肺不好的人脸色发白，肾脏不好的人脸色发黑，这里面是否有关联，现代科学尚不可解释。

中医的治疗同样遵循相生、相克、相侮的原则，如脾胃不好，中医会去调整肝功能去治疗脾胃，因为脾属土，肝属木，木克土。

汉代学者刘歆将汉代以前“三皇五帝”纳入到五行相生关系里，认为：太昊伏羲氏为木，炎帝神农氏为火，黄帝轩辕氏为土，少昊金天氏为金，颛顼高阳氏为水；帝喾高辛氏为木，帝尧陶唐氏为火，帝舜有虞氏为土，伯禹夏后氏为金，殷商为水；周朝为木，秦为闰水，汉朝为火，新莽为土。总之，前一朝代与后一朝代之间是一种相生关系。

宋代以后，前朝与后朝的关系变成了你死我活、水火不容的敌我关系，即相克关系。宋朝皇帝姓赵，五行属木，北宋末年灭辽而起的完颜旻所建立的少数民族政权国号为“金”，已有以金克木之意。后来，金国被蒙古汗国取代，蒙古汗国国号为“元”，其理论出处为《易经》：“《乾》，元亨、利贞。”“元”的意思为“乾”为“大”，而八卦里的“乾”卦五行属金，“元”也有金克木之意。1368年朱元璋建立大明政权，推翻元朝。与前朝一样，朱元璋之所以订国号为“明”，其理论出处亦自于《易经》：“《乾》，元亨、利贞。……大明终始，六位时成……首出庶物，万国咸宁。”只不过，朱元璋要取“大明”，即太阳之火，去克元朝的乾金了。朱元璋的姓氏是朱，朱即赤色，五行为火，而国号为“明”，也与朱姓正好暗合。1616年，努尔哈赤沿用历史旧名，定国号为“金”，史称“后金”，也许是担心“金”被大明之火克制住吧。1636年，皇太极改国号为“清”，取金生水，水又克火之意。1644年，清兵入关，大清之水浇灭了大明之火。1911年辛亥革命，大清覆亡，次年成立“中华民国”，“中国”为土，中原之土终克北方之水。

## 第三节　天人合一观

《易经》成书时代久远，内容极其博大精深。其中“天人感应”、“道出于天”是其核心，认为人类社会是自然界中的一员，“近取诸物，远取诸身”，从物质、意识到精神都与客观的自然界相应相通。“天人合一”，这里的天是反映物质的、客观的自然，人指人事，人类社会。孟子认为：“尽其心者，知其性也，知其性，则知天矣”。人的心、性与天原为一体，尽心、知性则能知天。汉代董仲舒提出“人副天数”，认为：“人有 360 节，偶天之数也；形体骨肉，偶地之厚也；上有耳目聪明，日月之象也；体有空窍理脉，川谷之象也。……无以终岁之数成人之身，故小节 366，副日数也；大节 12 分，副月数也。内有 5 脏，副五行数也。外有 4 肢，副四时（季）数也。乍视乍瞑，副昼夜也；乍刚乍柔，副冬夏也。乍哀乍乐，副阴阳也。”“天地是一个大宇宙、人身就是一个小宇宙。”古人认为人的形成，顺于自然，骨节、五脏、五官都是顺于自然形成，体现“天人合一”的思想。董仲舒更提出“天人之际，合而为一”的主张。这种“天人合一”观，承认天道与人事，自然界与人类社会存在密切的联系，是相类相通的，强调要注意调节人类社会与自然界的关系。

对中国古代哲学中所谓天，不同的哲学家赋予不同的涵义。大致说来，所谓天有三种涵义：一指最高主宰，二指广大自然，三指最高原理。由于不同的哲学家对所谓天的意义有不同的认识，他们所讲的天人合一也就具有不同的涵义。

对于古代哲学中所谓“合一”的意义，则需要有一个正确的理解，张载除了讲“天人合一”之外，还讲“义命合一”、“仁智合一”、“动静合一”和“阴阳合一”（《正蒙·诚明》）；王守仁讲所谓“知行合一”（《传习录》），“合”有符合、结合之义。古代所谓“合一”与现代语言中所谓“统一”可以说是同义语。合一并不否认区别，合一是指对立的两方彼此又有密切相连不可分离的关系。

中国哲学中天人合一观念，发源于周代，经过孟子的性天相通观点与董仲舒的人副天数说，到宋代的张载、二程而达到成熟。张载、二程发展了孟子学说，摒弃了董仲舒的粗陋形式，达到了新的理论水平。张载、二程的天人合一思想，分析起来，包括几个方面。

1. 人是自然界的一部分

张载说："理不在人皆在物，人但物中之一物耳"（《语录》）。明确肯定人是一物。张载《西铭》说"天称父，地称母，予兹藐焉，乃混然中处"，其主要意义是肯定人类是天地的产物即自然的产物。人身体的矿物元素，全部是自然中含有的。近年科学家测定了人体中有九十多种元素，其中六十多种元素在人体中的平均含量同地壳中的平均含量相似，这些元素在人体血液和地壳中的平均含量的丰富曲线几乎吻合。

2. 自然界有普遍规律，人也服从这普遍规律

张载说："若阴阳之气，则循环迭至，聚散相荡，升降使之，不曰性命之理，谓之何哉"（《正蒙·参两》）阴阳相互作用相互推移的规律就是性命之理，自然界与人类也遵循同一规律。

3. 人性即是天道，道德原则和自然规律是一致的

张载说："性与天道云者，易而已矣"（《正蒙·太和》）。他认为人性与天道具有同一内容，即是变易，说："道与性一也"（《程氏遗书》卷二十五）。他认为天道、人性、人道是同一的，其内容即是理，也就是仁义礼智等道德原则。张、程都肯定与天道的同一性，但张载以为这道即是变易，程颐都则以为道即是理，这是彼此不同的。

4. 人生的理想是天人的调谐

这是《易经》提出的，以"范围天地之化而不过，曲成万物而不遗"为理想境界。

中国传统哲学中的天人合一思想内容复杂，其中既有正确的观点，也有错误的观点，应该如实地加以剖析。

关于人类应如何对待自然界，中国古代有三种典型性学说，一是庄子的因任自然（顺天）说，二是荀子的改造自然（制天）说，三是《易经》的天人调谐说。庄子的观点是消极思想。天人

合一是一种“地理环境决定论”，它将人的地位和作用，作为自然环境的奴仆与附庸，强调环境是塑造人（类）生活的控制力量，人（类）并不是一个自由的因素，而是跟在自然所确定的方面后边走，即“天定胜人”。这是自然顺从论，认为今天人类活动给自然界造成的影响，已经超出了自然界自我调节功能所能同化的限度，生物圈中的物理、化学、生物学的参数开始变得不利于人类的生存，主张“退向自然”，“返朴归真”，然而人类的进化，社会的进步是一个不可逆转的历史进程，一切顺从自然的消极观点也是违背历史发展规律的。但在人类疯狂的破坏、改变自然环境的今天，仍有积极意义。荀子的观点是积极思想。自从西方“戡天”（战胜自然）的思想传入中国后，荀子的学说受到高度赞扬。但是，如果一味讲“戡天”，也可能陷于破坏自然。事实上自然界是人类生存的基础，如果盲目破坏自然，会引起破坏人类生存条件的严重后果。近年来人们强调保持生态平衡，是具有非常重要意义的。《周易大传》主张“裁成天地之道，辅相天地之宜”，“范围天地之化而不过，曲成万物而不遗”，是一种全面的观点，人要利用自然就要顺应自然，应调整自然使其符合人类的愿望，既不屈服于自然，也不破坏自然。以天人相互协调为理想应该肯定，这种学说确实有很高的价值。

那么，中国建筑所讲求的“天人合一”究竟是什么呢？综合起来可以概括为三点：

一是天人皆物。天与人都是物，形态相殊，本质则一，“物物皆太极”。天是客体，人是主体。

二是人效法天。《周易大传》曰：“夫大人者，与天地合其德”。天变，人亦效法天而变，以顺应自然，并通过模拟自然来改造自然。天人合一，也即天地人三才之间的统一，天也即环境。

环境，是指作用于人类生存、活动和发展的各种自然因素和社会因素的总和。

人是环境的中心事物，是主体。我们所提的环境，是相应于人类的环境。

对环境的分类，还是分成三类比较切合实际，即“天界”、“地界”、“人界”。

天界：指天、天体、宇宙及地球的大气圈

地界：指地、地球体（土壤岩石圈）、地表圈和水圈。

人界：指人、生物圈。

天时，指时机，即时空力学之“时间”要素，也是风水学之“择时”观念。

地利，指地点、方位，即时空力学的“空间”要素，也就是风水学的寻地观念

人和，指人间，人与人之间的和谐。

因为天文学、地理学、人体科学也是风水学的三大主要的科学支柱。

三是天人调谐。要求在采取“财成天地之道”、“辅相天地之宜”、“范围天地之化”等手段时，不要破坏自然，而要尽量求得人与自然的和谐统一，用现代的话来说就是求得“生态平衡”。当年中年著名建筑学家梁思成去美国工作讲学时，与赖特见面后，赖特开门见山地问梁思成：“你到美国来的目的是什么？”梁思成回答说：“是来学习建筑理论的。”赖特听后一挥手说：“回去，最好的建筑理论在中国。”赖特当场就背诵出了《老子》第十一章即有关“凿户牖以为室，当其尢，有室之用”那段话的全部内容。赖特将老子的这段话作为教训，至今仍铭刻在赖特学院。

“天人合一”不仅体现了中国古代社会人的生活思想，而且从根本上成就了中国古代的文化精神，当然这个理想也直接影响着作为文化载体之一的建筑的发展演变。

俗话说“天地一气”就是说天、地和人是由一种气贯穿起来的。气功就是研究其中的“人气”问题。其余是“天气”和“地气”。关于“天气”的说法，我们很熟悉，中央电视台每天都会几次播出天气预报。而关于“地气”的说法则不常见。其实，风水

学就是专门研究“地气”的。当然不止限于对“地气”的研究，风水学与“天气”、“人气”也有关系。

## 第四节　风水中的数理

古代建筑对尺寸数字十分讲究，形成了一套完整的理论。

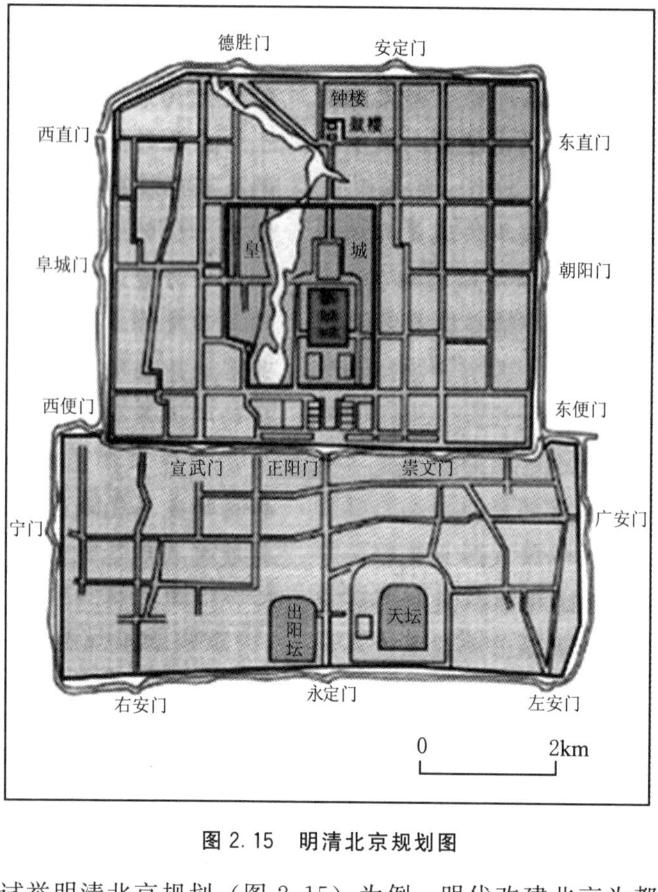


图 2.15　明清北京规划图

试举明清北京规划（图 2.15）为例，明代改建北京为都，成凸字形，外城为阳，设城门七，少阳之数；内城为阴，设城门九，老阴之数。内主外从，故内用九外用七。依八卦理，变卦中老阳老阴可变异，少阳少阴不变。内用九为“阴中之阳”，合乎卦理。内城南墙，乾阳属性，城门取象于人，故三才具备。整个城市犹如小宇宙缩影。全城中轴线从永定门太和殿鼓楼钟楼依次为九里、五里、一里，共十五里长，正合洛书中线“戴九履一”，方位常数十五的理念。这条寓意深长的轴线成为北京的中脊控制了城市的规模和环境容量。城市数形匹配，犹如八卦矩阵布列，和谐有序、气势非凡、宏阔博大。北京规划在世界城建史上成为罕见奇迹，其根本原因大概就在于此。王府大门的开间都是单数，当中的三间或一间开启，例如七间启三、五间启三及三间启一等等，例如顺治九年规定“亲王府正门广三间，启门三……”

“阳数设计”成为一种基本设计方法，与卦理运行以“阳气主导”为命脉的要求有关，而现代建筑同样是以 3 为模数，群体设计是这样，单体建筑设计也是这样。如基于“阳宅”观念，中国建筑以“间”为基本空间单元按奇数展开，多为三、五、七、九开间。而皇帝乃“九五之尊”，卦象喻飞龙在天，其大朝金殿阔九间，深五间，定为最高规格。惟一例外按偶数设计的是藏书楼，开间六，层数二，如文津阁、文渊阁等，这也是比照《易·河图》“天一生水，地六成之”的思想为依据。阳数设计方法历史悠久，春秋战国时期不少典籍，如《考工记》、《礼记》等已有明确的制度规定，如“天子之堂九尺，大大五尺，士三尺”等等。九龙壁、九龙椅，81 个门钉（纵 9、横 9），大屋顶檐角兽饰 9 个，故宫角楼结构 9 梁 18 柱。明代洪武年间明文规定军民房屋，不许九五间数。“九五”为皇帝专用，成为规定，故宫内总共房间数为 9999.5 间，亦隐喻“九五”之意。众所周知，天坛的数字象征主义设计达到极高成就，也就是说，从建筑造型到构造做法，从整体到细部，几乎无不如此。梁架排列，斗拱出跳、门窗设置等，大凡涉及法则一类营造，必先考虑按奇数形成等差做法。“美在和谐，美在规律”，中国建筑美学的律动美要义就在这里。更为奇异的是中国建筑美学主要风格是阴柔和顺之美，它竟是通过“阳性数理设计”的阳刚手法来达到和实现的。也就是说，“阳”的手法，“阴”的风格，正是中国建筑之“道”。

营造用尺制度直接与数理有关，数字排列组织规律反映某种审美规律，这种和谐捕捉在中国建筑营造尺寸的选取中，并赋予深刻的哲学解释，影响人们的营建意识，反过来又升华了建筑艺术的感染作用，这也是东方建筑独具魅力的表现特征之一。

由此即有宋《营造法式》中材契模数的八等制度的总结。其材等尺寸规定和序列与黄钟律管长度之数，如第一等材 9×6 寸，正是阳律之首黄钟律管长度之数与阴律之首林钟律管长度之数组合，殊非偶然。它们的简约数为 3∶2，这种断面尺寸黄金比例是宋代大木作法的普遍规律，它的深刻含义在于“三天二地”阴阳观念深入到每一建筑件之中，其材广为阳，其材厚为阴。宋代易学发展达到高峰，体系流派已是异常成熟，尤以八卦理学为最，宋法式定为“材分八等”，配“八音”、“八风”、“八方”，实为八卦变象。

图 2.16　祈年殿

天坛主体建筑祈年殿（图 2.16），为向天祈祷风调雨顺以求丰年的圣地。富于哲理的数字构思奇巧地运用于建筑设计中。三重圆顶攒尖殿宇坐于三重圆形汉白玉台基之上，三三见九，高九丈九，乃重九之复，阳极之数，均喻九重天无尽之间。数形相配，意境油然而生，足见设计巧思功力。不似西方哥特式教堂（图2.17）为表现天国的追求，形象一个劲儿向上拔高，竭尽糜费工料之能事。祈年殿内空间内环4柱表四季，外环12根金柱表一年十二个月，12根檐柱表一天十二时辰，此双十二之和表一年二十四节令，全部柱数表二十八宿。构架上36根枋桷短柱表三十六天

图2.17 哥特式教堂

罡，72 根连檐表七十二地煞。斗换星移的时光流转都表达于此，可以说，祈年殿就是一座“时间的建筑”。

图 2.18 圜丘

天坛的另一重要建筑圜丘（图 2.18），为皇帝祭天之处，露天而设，坛而不屋，其建筑艺术表现力并不求其形，而在于面对空旷的自然环境，利用烘托渲染环境氛围手法及数理设计手法造成一个“阳性场”来展现的。整个环圜丘台系采用奇数或曰阳数、天数进行精心设计。三层圆台重复天的母题造型，而各层台面铺石和栏板数量均以阳九为模数，头层台中心为太极石或曰天心石，外九重扇面石，每重石板数按九的倍数增长一九、二九、三九……至九九之数，其余两层台均如法炮制。栏板头层为八“九”之数，72 块，二层十二“九”，108 块，三层二十“九”，180 块，合数 360 块，正是周天象数。坛的直径尺寸各层分别为九丈、十五丈、二十一丈，含“三三”、“三五”、“三七”奇数等差规律，合计四十五丈，含“九五”，此具特义，喻飞龙在天，乃示八卦中乾卦的帝王之尊的爻题。在如此浓烈的天数氛围中可以想见古时天人感应赋予皇帝是一个什么样的“场所精神”，可以说，圜丘是一座“空间的建筑”。数理概念至尽仍运用在现代建筑设计中，如台阶一般为奇数，房屋开间大多为奇数，现代建筑模数大多为300毫米的倍数等等。

## 第五节　土木的来由

著名建筑学家梁思成在他的《中国建筑史》和《中国古代建筑史》中，对于中国人为什么采用木材为主要建筑材料，进行了系统地评述。综合其观点，可以将其归纳为以下四个方面：

（1）土和木两种材料方便易取。中国文化的发祥地黄河流域，在古代有茂密的森林，有取之不尽的木材，而黄土的本质又是适宜于多种方法（包括经过挖掘的天然土质的洞穴、晒坯、版筑以及后来烧制成的砖、瓦等）建造房屋。

（2）匠人对于石质力学缺乏了解。盖石性强于压力，而张力曲力弹力至弱，与木性相反。

（3）垫灰之恶劣。中国石匠未能尽量利用石性强点而避免其弱点，故对于垫灰问题，数千年来，尚无法予以解决。

（4）不求原物长存之观念。古者中原为产木之区，中国建筑结构既然以木材为主，宫室之寿命就限于木质结构而不能耐久。但更深究其故，应该是缘于不着意于原物长存的观念。

此外，为什么中国建筑走上木构建筑体系为主的发展道路，也与阴阳五行说有密切的关系。木，是自然生命力旺盛的表现，它承天之雨露，向阳而长，乘地之养育，入阴而生。既为阴阳枢纽，采用材这种阴阳合德之料，是最为合理的选择，是理性主义哲学思考的又一必然结果，是顺应自然的要求。

按照易理八卦不难解开“土木”之功的神秘含义。土在易经八卦方位中因其性质浑厚适中，利万物生长，故利于四方，被置于中央。土对脾胃，中医上称为中焦。木的性质喜欢温暖，向阳，而东方为阳初生之地，所以木的方位属东方。在中国，最高权力机构叫中央，表征利于四方。旧中国的皇帝崇“中”，崇“阳”，在五色之中，中央为黄色，黄色成为了皇家的专有色。在皇宫中几乎将易理易数用到了极点。北京紫禁城中东宫为太子居住方位，“东宫太子”，东方为木，表征向上生发，是权力未来的继承人。五色为绿，在建筑上广施绿色，绿瓦绿壁。而西宫为太后的专属方位，“西宫太后”，西方为金。金的禀性是凄凉、清净，与苍凉稀疏、石多人少的西部相合。按照易理思维，中国人选择了土木作为数千年不变的建筑材料，认为土木是有机体构成的，符合“天人合一”的理念，能营造有利于人生存的“养生环境”，这决不是偶然的。

中国先民在营造“阳宅”的过程中，将“木”和“土”两种构建材料的运用发展到极点，秦砖汉瓦证明了中国是最早由生土向烧制砖瓦建筑过渡的国家。

中国的木框架结构是按照易学辩证关系形成的动变结构。动是永恒的，静是相对的，立柱和横梁交接处是柔性的，体现了老子的“以柔克刚”的内涵，利于抗震。

## 第六节　罗盘

在出现指南针之前，古人测定方向是用“土圭法”。“土圭法”是一种以表杆测影的定向技术，早在商国时就使用了。具体方法是：

①太阳中位法，竖杆看其光影最短处为南。

②日出日入表影法，竖杆看其日出表影和日落表影，以杆为圆心画圆，连接两交点的直线即东西向，取垂直线为南北向，再以中位法效正，也称朝夕法。

指南针是中国古代的四大发明之一。指南针的发明与应用，和中国古代精确的“辨方正位”的活动有关。中国古代不仅最早发明了磁化的钢铁，使之指示南北方向，也发明了磁偏角（地磁子午线与地理子午线之间的夹角）和磁倾角（地磁体与地平面之间的倾斜角）。这些都是世界首创的，具有划时代的意义。

指南针的发明，是中国人对世界文明的最重要贡献之一。传说黄帝造指南针，但已无可考证。史载周成王时，越裳氏来朝，因迷其归路，周公做指南车（图2.19）以送之。现在已确知指南车系有一套能自动调整的齿轮系统，当车子移动转向时，方向标仍指向原来的方向，这和磁极的方向无关，可见，指南车并非指南针。

图 2.19　指南车

据文献记载，早在战国时期就开始利用地磁来测定方向了。《韩非子有度篇》说：“先王立司南比端朝夕”。东汉初年王充在《论衡·是应篇》中说：“司南之杓，投之于地，其柢指南”。杓即以磁石仿北斗星磨制成匙状的磁体。柢是匙柄，地是占卜盘的地盘。可见司南（图 2.20）是一种磁性指南仪器。这里已有后世罗盘的两个重要组成部分——指极磁体与方位盘，可以说这是磁罗盘的萌芽或早期形式。司南的形制与汉代式盘有相似之处。

指南针与方位盘配合装置，就产生了最初的罗盘。关于罗盘的记载最早见于南宋曾三异所撰的《因话录》中，书中谈到“地螺”，即罗盘。罗盘方位盘的分度法源于汉代的地盘，八干，四维，十二支，以二十四向为基本方位。所不同的是，汉地盘为方形，而罗盘的盘体则发展为圆形。罗盘的发明，是风水师在传

图 2.20　司南

统的辨方正位法上的一次变革（图 2.21）。

图 2.21　罗盘

关于记载堪舆用罗盘的文献，最早见于南宋，曾三异在《因话录》中写道："地螺或有子午正针，或用子午丙间缝针。……天地南北之天，当用子午，或谓江南地偏，难用子午之正，故丙壬参之"。

文中"地螺"也就是罗盘，从正针、缝针等讨论看，显然这是一种堪舆定向用的罗盘。明代《鲁班经》及李国本《地理大全》等都有关于使用罗盘测定方位方法的记述。

从现存明清的罗盘实物形制看，它与汉代式盘有明显的承继关系。汉代的式盘是一种占卜盘，大多是用于六壬及遁甲占术的六壬盘和太一九宫占盘，从现已出土的若干块六壬盘看，都是由上下两盘叠合而成。下盘为方形，象征地，称为地盘。上盘为圆形，象征天，称为天盘。天盘可依中轴旋转。在天盘上面，中部往往画北斗星，周列十二神（征明、天魁、从魁、传送、胜先、小吉、太一、天罡、太冲、功曹、大吉、神后，有的式盘上以数字代表十二神，又称十二月将）和二十八宿。地盘上面往往分层写有八天干、天地人鬼四维，十二地支和二十八宿等，个别的还有三十六禽。

六壬盘在古代被广泛应用于社会生活各方面的时辰和方位的吉凶占验。其用法固定地盘，白天子在北，夜晚子在南，然后转天盘，校验所推之日上盘的神将与下盘的干支的关系，并以六十甲子中的壬申、壬午、壬辰、壬寅、壬子、壬戌为六壬，推衍出闪壬式中的四课和三传，最后以此判定占日或占方的吉凶。

至明、清时，罗盘已成为风水师的必备之物。风水师既可以其"乘气、立向、消砂、纳水、观天"，又可"测山川生成之纯爻，以辨其地之贵贱大小"来相地，还可推算吉日良辰，依时而行。凡天星、卦象、五行、六甲也，所称渊微的确。堪舆用罗盘融阴阳五行之理，八卦河洛之数，天干地支之道，日月星象等时空哲理于一体，看起来十分复杂，不过深入分析，罗盘不过是以后天八卦为基准，组合八干十二支组成的二十四个方位分度。早期的堪舆罗盘的内容较为简单，后来随着堪舆学的盛行和流派的繁复，以及阴阳五行的推算占验，明清以来逐渐发展为多层而细密的分度。一般少则几层，多则几十层。不过层数再多，总是以二十四方位为基础的"天盘"、"地盘"、"人盘"三盘和"正针"、"中针"、"缝针"三针为基本框架的，因为罗盘的基本功能仍不出测定方向这一作用。

罗盘上每圈大多为理法所用，又有许多版本。形法也用罗盘，因为罗盘磁针极易受外磁场干扰，遇到有些地方磁针"浮而不定，偏东偏西，不归中线"，风水师就认为这些地方非吉地应避之。这从生物磁场学的角度看，有一定道理。因为紊乱的磁场会影响人体的生物磁场。所以，住宅或工作场所要远离矿厂，变电所为好。

罗盘使用的关键是看针。如果要知道某穴或某屋的方向，就将罗盘放在穴的石碑上，或房屋门脚正中，或院子的天井中，垫上三寸厚的米，把米压成水平面，米上放地盘。清除四周的金属物然后用洁水洗净天盘，将指针连掷两三次，看针是不是都指在同一方向秉子午线。就象中医号脉一样，对于针的晃动，风水先生归纳为"八奇"：一搪，惧也，浮而不定，不归中线。说明地下有古板古器。二兑，突也，针横，不归子午，说明地下有金属。三欺，诈也；针转而不稳。四探，击投也，半沉半浮。五没，说明地下有铜器。六遂，不顺也，针浮而乱动。七侧，不玉也，偏东或编西。八正，收藏中线。前七奇皆不吉。只有第八为吉。

古代风水理论认为“壬、子、癸、丁、午、丙”六座向最为吉祥，我们按罗经图可以看到“壬、子、癸、丁、午、丙”都是正南、正北向±18°范围内，按现代建筑设计，同样有这种要求。

一般寺观中的主要殿堂，如佛寺中的大雄宝殿、道观中的三清殿、玉皇殿，孔庙学观中的大成殿等常以东南西北四正作为朝向（大成殿取南向），即取子午卯酉向。而其中的山门、天王殿、钟鼓楼、配殿等次要殿堂则不得朝向四正方向，而是微偏于四正少许或几度。

大多情况下，因其偏角仅有两三度甚至不到一度，轴线错位也仅几十厘米，所以一般人们的肉眼不易察觉，宏观看来，寺观大建筑群的轴线还是一贯到底的，事实亦是如此。

民居是不得朝向四正方向的，除四正方向的其他方向作为主要房屋和大门的朝向。否则认为“煞气”太重，心理难以承受。

## 第七节　风水与山水画

日本东京京都大学教授渡边欣雄说过“山水画离不开‘风水’，叫它山水画可以，称它为风水画也可以”，风水是判断“气”运动的方法论，而风水画正是表现气的运动。

中国著名科学家钱学森先生晚年尤为关注中国城市建设，特别注重山水的“形”与“意”的结合，因此提出21世纪的中国应建“山水城市”。1986年吴良镛教授主持桂林市城市规划研讨会时，在古人绘画理论所说“山得水而活”、“水得山而壮”的基础上，补加了一句“城得山水而灵”的名言。

中国古代，风水思想很受山水画家的重视，怎样画出的山是有气势的，山水画家与风水的判断标准是一致的。北宋山水画大师郭熙在谈到画山水的技巧时说：“山以水为血脉，以草木为毛发，以烟云为神彩，故山得水而活，得草木而华，得烟云而秀媚”。清代画家笪重光在《画鉴》一书中，就告诫山水画家：“作山先求入路，出水预定来源。……峰势同形，谙于地理（即风水）。……仙宫梵刹，协其龙砂；树舍茅堂，宜其风水”。并有一种说法，山水画源于“地图、地理图”。“古代绘图，皆为画家制其被列为绘画艺术作品，而载述于画史论著中，并非偶然”。因此，好的山水画同时也是一幅优美的风水格调图（图2.22、图2.23）。主山后的少祖山及祖山、鞍山外之朝山、左肩右肩的青龙白虎山之外的护山，均构成重峦叠嶂的风景层次，富有空间深度感，这种风水格局的追求，在景观上正符合中国传统绘画理论在山水画构图技法上所提倡的“平远、深远、高远”等风景意境和鸟瞰

图2.22 郭熙《早春图》

透视的画面效果。富于曲线美、动态美的景观：笔架式起伏的山、金带式弯曲的水，均富有柔媚的曲折蜿蜒动态之美，打破了对称构图的严肃性，使风景画面更加流畅、生动、活泼。

风水美学对山水画的创作有很大的影响，一些有作为的山水画家从堪舆学中获得额外的美学训练。其实，绘画和风水的理念都是“平衡”。图画的实与虚、浓与淡、墨与白和风水理论中的阴阳平衡蕴涵着同样的哲理。

如房屋窗户较少，实墙较多，空气流动差，人感觉比较闭气，风水师大多建议在实墙处挂一些山水画，增加房屋的“气”。

图 2.23　王时敏《山水图轴》的风水意象

## 第八节　形势法

形势法，即峦头法。五大要素是龙、砂、水、穴、向。觅龙、察砂、观水、点穴、取向是峦头法的五大步骤。峦头法对五大要素的要求是：龙要真，砂要秀，穴要的，水要抱，向要吉。

形势家又称形势、峦头、峦体、形家、江西之法，代表人物有郭璞、杨筠松、曾文迪、赖大有、谢双湖、周景一、俞廷举等，代表作有《葬经》、《撼龙经》、《玉髓经》、《葬法心印》、《地理人事须知》、《披肝露胆》、《搜玄旷览》、《泄天机》、《平砂玉尺经》、《堪舆管见》、《山洋指迷》和《地理知止》等。

1. 觅龙

龙即山之走向，土是龙的肉，石是龙的骨，草是龙的毛。古人认为，“垄”即“龙”。龙好象主人，砂好象奴仆。当龙挺身独行时，砂则随龙两旁护送，面对面相向，好象奴仆保护他的主子。龙大，则保护它的砂也多，龙贵，则跟随它的砂也秀美。

龙脉，即山脉。觅龙即寻“来龙去脉”。中国风水学将中国地域以长江、黄河两大水系为界，将中国山系分为南、北、中三大干龙。

龙又分阴阳龙。山脉由起点顺时针方向盘旋，则为阳龙，山脉逆时针运行，为阴龙。

龙又分顺逆龙。如果龙脉的干支、干龙与支龙方向一致称顺龙，反之称逆龙。风水宝地通常位于顺逆龙平衡的地方。

2. 察砂

砂指穴周围的山，反映山的群体关系，隶属来龙的主山。现在所称的“沙盘”，正是砂法的古为今用。

砂为左右环抱的群山，与龙脉为君臣关系，“龙为君道，砂为臣道”。

最典型的有“四神砂”之说，即“朱雀、玄武、青龙、白虎，四方宿名也。前山为朱雀，后山为玄武，左山为青龙，右山为白虎”。

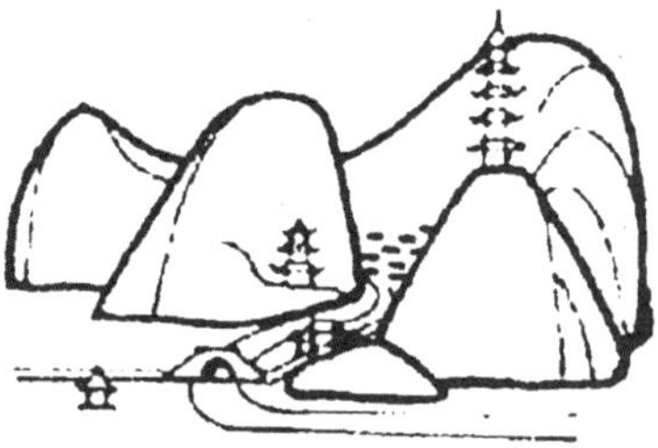

图 2.24 水口格局

水口即“气口”，又称水口山，如人之口鼻，一般要求在“水口间有大桥、林木、佛祠”，“建台立塔本相宜”。在水口立塔，也有灯塔，辨别方位的作用（图 2.24）。在山区，水口多为山口，而现代风水把水口又理解为小区入口，巷子口。

3. 观水

水指水流。观水实际是考察地上地下水源和水流的形态与水质。古代风水理论“山不能无水，无水则气散，无水则地不养万物”，水被称为“地之血脉”，“皆血脉贯通也”，“风水之法，得水为上”。

观水包括两方面：

（1）水的品质。水质清明，味觉甘甜为吉；水质浊暗，味觉苦涩为凶。值得注意的是，几千年前中国风水学不仅重视观测地上水，同时重视察验地下水。

（2）水的形态。吉利的水道流向不能与山脉走向平行，因为这样的水道不能贮藏无法穿越水流的生气。为了将生气聚积在某地，水道必须横跨山脉。因此，若水道和山脉走向一致，则不吉。理想的水道迂曲行进，好像正欲从山脉走向的角度来拥抱吉地。

随龙：顺山势，不破伤山脉，亦不被山脉所伤。

拱揖：从左右相从而至，呈拱揖之势。

绕城：前后循环合抱，环绕而过。

腰带：如玉带绕腰，如弯弓状从左右流过。

水流入的地方称为“天门”，流出的地方称为“地户”。“天门”、“地户”均称为“水口”。天门宜开，则财源滚滚，地户宜收，则财气不散。

4. 点穴

“穴，山水相交，阴阳融凝，情之所钟处也”。

“大聚为都会，中聚为大郡，小聚为乡村，阳宅及富贵阴地”。

点穴时，要开挖“金井”以“相土尝水法”验证地理地质情况，“有龙必有穴”。

5. 取向

即朝向。一般指与建筑基础垂直相对的方向，方向是按照八卦，五行学说判定凶吉，与三元法结合。

一个吉地大体上应具备这样一些外部特征：以山为依托，背山面水。所谓的背山，就是风水学说中的“龙脉”，它在吉地中占有突出的地位，是“气的生成之源”。在龙脉之前有一块平旷的低坪，称之为“明堂”，这里就是村落拟建的基地。明堂之后常有一座较高的山称祖山，从这里分出支脉，向左右两侧延伸，呈环抱之势，把明堂包围在中央，由此形成一个以明堂为中心的内向闭合的自然空间。从风水观点看，这种因山势围合的空间便可以起到藏风纳气的作用。明堂之前则有河流或水面，这样便可以使气行之而又有止。明堂正对着的远方亦需有山为屏障，这种山称之为朝山。由外部进入明堂——村落所在的地方，称水口。作为沟通内外交通的要道的水口其左右应有山峦夹峙，这种山称龟山和蛇山（图 2.25），具有守卫的象征意义，这或许是出于安全感的要求。

图 2.25　龟蛇山

## 第九节　理气法

理气法又称方位，宗庙之法，罗经之法，主要内容是五行八卦，取五行八卦推定生克道理，又须乘气作向，控制消纳。因此河图、洛书、太极、八卦、干支、生肖、四时五方、三元运气、七曜九星，成为这一派的理论基础。

传说理气宗始于闽中，流传于浙江一带，宋时最盛，罗盘成了这一派的规矩。罗盘的圈数不断增加以至达到二十四层。理气的代表作有《青囊奥经》、《青囊序》、《天玉经》等，理论代表人物有王级、张子微、幕讲僧、蒋大鸿等。

后人对理气派有许多批评，说它“流弊之极”（《地理末学》），“天星理气之说，亦不凭，龙穴不正，天星虽吉而亦败，龙穴既的，天星不吉而亦发。故智者但求成穴之假真，勿泥天星之凶吉”（《地理正宗臆解》）等不少言论，批判理气宗的“惑人”。

按中国人的想法，时间和空间是没有区别的，时间只不过是空间的运动，时间和空间是一体化的。因此出生年月和方位有关，容易使人联想到爱因斯坦的相对论。

木土水星的天文相会现象，称为六十甲子，“花甲之年”。木星绕太阳一圈，十二年和民间地支属相、本命年有关。“太岁头上动土”这句成语，源自不宜在“木星”所在方向兴建土木工程，木星在行星中重量最大，对地球的影响力较大。

理法很讲究星象对生物的影响，类似国外的“星象学”、“占星术”。有人认为“潮起潮落”、“月经”都是月球对地球和人体明显作用的现象，并已被科学界认同，故认为理法中的说法能延续至今，仍有它的科学性，只是未被人们完全认识而已。

由于历史传承的多方面原因，阳宅理法的流派系统显得分外繁复，传世的著述很多，而其中的有关理论与方法，也每每鱼龙混杂，歧义纷争，矛盾百出。相对地说，明清以来较为常用，在世俗中形成较大影响的有关理论与方法，主要有如下几种。

1. 福元法

基于天人感应的观念，古人曾认为：“人之生命不同，宅之宜忌各异”（《八宅明镜》）。循于此理，阳宅相法中的福元法，就是一种将人的命相同宅的卦象或时空构成结合考虑，进而确定最佳宅体格局的方法，其梗概如下述。

（1）根据宅主生年甲子元运，按“野马跳涧决”或“排山掌决”（如《阳宅十书》：“野马跳涧走，从寅数到狗，一年隔一位，不用亥子五”）计算，配以后天八卦即文王八卦，得出所谓命卦，如一坎、二坤、三震、四巽、五坤（男性）或艮（女性）、六乾、七兑、八艮、等。生年甲子元运是将洛书九宫与干支历的六十甲子组合而构成180年为一循环的所谓“大周天”，其中第一甲子60年为上元，第二甲子为中元，第三甲子为下元，称“三元”。每元又分三“运”，每运20年，三元共九运（具体计算方法此略）。

（2）算出宅主命卦后，按其卦象上所谓纳音五行的相生相克关系，定出所谓东四命和西四命。八卦纳音五行，就是将各卦象与五行相配：乾属金、坎属水、艮属土、震属木、巽属木、离属火、坤属土、兑属金。根据五行相生相克的关系，土生金，故属土或属金的艮，坤、乾。兑等四命卦可同归一类，称为西四命。又以水生木、木生火，故将坎、震、巽、离四命卦归为一类，称为东四命。

（3）按九宫划分宅位，再将九宫方隅（四正四维共八卦），按其卦象并循五行生克之理分为东四宅和西四宅两大类。

（4）将命卦与宅子的坐宫及格局相配合，如东四命之人宜住东四宅；或更细一层说，如乾命之人宜居乾宫，等等。然后再按后文所述“大游年法”进一步安排好宅院的内部格局，使人宅相扶，与天运相谐调而求得绵延福德。

2. 大游年法

大游年法或称九星飞宫法，是阳宅相法中最基本的一种方法。

依风水说，如《青囊海角经》：“盖地无精气，以星光为精气；地无吉凶，以星气为吉凶。”《阳宅十书》更说：“天上之九星为地下之九宫，司人间祸福，其应如响。”大游年法就是一种“地气纳天光”的相宅法。其要旨，如《阳宅爱众篇》所述：“夫相宅，要以天之九星、地之九宫为宗。九星者，即祸、天、延、五、生、六、绝，加辅、弼也。九宫者，即乾、坎、艮、震、巽、离、坤、兑加中宫也。八卦分布八方，寂然不动以象地；七星随门左旋，降临祸福以象天。吉星临宫，相生相比，上吉；星官相克，中吉。凶星临宫，相生相比，大凶；凶星相克，次凶。生克出于五行。”所谓九星，一般认为缘自北斗七星及其旁左辅、右弼两颗小星，而风水术语另成系统，并认为各有阴阳、五行属性及吉凶的不同。如据《阳宅爱众篇》的说法：大游年法或九星飞宫法的具体做法是：

（1）将宅子按九宫格划分，并用后天八卦按方位标定。

（2）确定宅门的坐宫卦位，称为“伏位”；然后从伏位上循八卦方位顺序（左旋，即顺时针方向），按照大游年歌诀顺布除辅弼二星以外的七星，与宅门之外的其他宫卦对应。大游年歌诀共八句，每句八字，首字为伏位卦名，其余七字即七星星名缩写，按卦序组成。如《阳宅十书》载大游年歌诀：

乾六天五祸绝延生，
坎五天生延绝祸六，
艮六绝祸生延天五，
震延生祸绝五天六，
巽天五六祸生绝延，
离六五绝延祸生天，
坤天延绝生祸五六，
兑生祸延绝六五天。

依大游年歌顺布的七星，反映着伏位的宫卦与其他七个宫卦因八卦数理关系和阴阳五行生克关系而产生的七种吉凶不同的作用。就伏位的宫卦与其他各卦的卦交来说，从下数起两卦第一爻不同，则相克凶属祸害禄存土星；两卦第二爻不同，相克大凶为绝命破军金星；第三爻不同，则互生属大吉，为生气贪狼木星；第一二爻不同，亦互生吉，为天医巨门土星；第一三爻不同，又互克次凶，为六煞文曲水星；第二三爻不同，相克大凶，为五鬼廉贞火星；三爻全都不同，相生为吉，属延年武曲金星。因为宅子可分为八个坐宫卦位，伏位可有八种不同宫位，七星顺布次序也有八种，遂形成大游年歌诀：这样，便可生出八种宅形。关于伏位，也有定于正房（又称为座上）的，用大游年歌顺布七星方法不变。在福元法中，则以宅主命卦为伏位顺布七星，仍用大游年歌。（图 2.26）

（3）根据九星临宫的情况，按星的吉凶及与宫位阴阳五行生克关系，判定宅中各宫位的吉凶。吉星临宫，星与宫相生比，是属吉星得位，大吉。例如坤宫属土，临宫为延年，吉星属金，按五行生克关系，土生金，故为大吉。吉星临宫而星与宫属五行相克，则是星吉不得位，不为吉但也不为凶。凶星临宫，如果星与宫之五行相比生，则凶上加凶为大凶。如是宫克星，则有助于削弱凶星的凶气，属小凶。

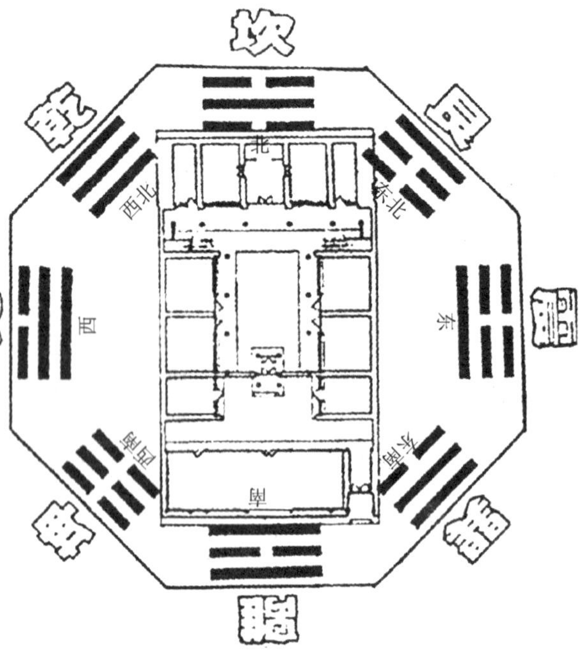


图 2.26　巽门坎宅的九星分布与对应的宅院布置

这样，宅中吉凶会有大吉、次吉、小吉、小凶、大凶等不同差别。

（4）依吉凶程度确定宅舍形势，包括其高卑大小层数等。一般说来吉地宜立高大壮实房屋，凶则宜其低小。

（5）依吉凶位次确定房屋功用。吉地宜作厅堂、居室或立宅门。凶地不可住人，亦不可养畜，只宜区别情况安排仓、厨、碾、厕等小用。如绝命处是润下阴金，只作厨房用，常加火炼，可转为有用熟金；五鬼处是毒火星，万物遇之皆焦，只宜作厕所或安碾磨，做仓库等等。

(6) 确定宅院内道路及流水引入放出方位。大游年法或九星飞宫法本身并不涉及居住者的星命元运，世俗中应用较广，尤其在井邑之宅中，实例很常见。例如山西平遥古城中的民居，其风水格局就大多依循这种方法。在这些民居中，平屋顶上多建有风水楼或风水影壁（图 2.27），就正是按照九星临宫、吉地宜立高大壮实房屋的原则布局设置的。

图 2.27 风水楼

如坎宅离门型的宅院，以门为伏位，即从“离”位排布九星，至“坎”位为“延年武曲金星”，上吉。主房居此富当为宅中最高大者，或在上面建起风水楼或风水影壁以崇其形势。风水楼内则供奉坐宫“延年武曲金星’神位。而坐东朝西的“兑门震宅”，九星流布以东北方为“延年武曲金星”，上吉，风水楼便建在该宫位上。

3. 穿宫九星法

或称九星穿宫法、五行穿宫法、贯井法。穿宫指宅门之内的仪门；井指天井，即庭院。按有关风水说，阳宅有“静、动、变、化”四格；宅中只有一层房屋为“静宅”；有二至五层的称“动宅”，中间有腰房或门墙；有六、七、八层为“变宅”；有九层的为“化宅”。

对于静宅，用大游年法或九星飞宫法就可确定宅中房屋格局，而对多进院落，就要用穿宫九星法来确定宅内进深方向上各层房屋的星位吉凶及相应高卑大小形势。

具体做法是，首先根据宅门伏位排布九星，确定首屋星位，再将九星按照纳音五行相生的关系，顺次推出以后各屋腰房的星位，吉者宜高大，凶者直低小，主房遇吉星即为吉宅。例如“巽门坎宅”，第一层房为天医巨门土星，根据土生金、金生水、水生木、木生火的五行相生关系，以下各层房屋依次为延年武曲金星、六煞文曲水星，生气贪狼木星，五鬼廉贞火星。对于屋次更多的变宅测加上左辅木星。如进深八层的“巽门坎宅”，各层房依进深位次是天医巨门土星、祸害禄存土星、绝命破军金星、延年武曲金星、六煞文曲水星、左辅木星、生气贪狼木星，五鬼廉贞火星。其中纳音五行相同的星位排列的先后顺序，是由经验所得的规定。至于九层的化宅，再增加右弼一星，星位复归于首层“土星”。对于巽门坎宅之外的其他七类宅形，也都各有其对应的穿宫九星排列顺序。宅中主房若临凶位，可用穿宫法增加门墙以调整层次，直至主房遇吉星为止。

4. 截路分房法

一座院落之中，往往有很多居住者，确定福元便成为难事；而宅形复杂、尤其是多组院落纵横交织形成的大宅院，更是难以排布九星。针对这些情况而应用截路分房法，如《阳宅十书》说：“其法凡宅中有墙隔断，墙间开有门，其九星即当从此院起，与别院并无关涉。……故一宅之内各分各院，各取吉凶。”这实际是说，对于复杂的大院落，可适当增设门墙分隔成为多个独立的小院落，对每一套院，则可以各自的仪门为伏位，顺布游年九星或穿宫九星，仪门之外则互不相干。

在实例方面，如山西襄汾县丁村某民居，主房座北向南，由于道路地形限制，宅门设在了东北方。而以主房为伏位，按游年法排布九星测宅门星位为“五鬼廉贞火星”，大凶。对此情况，运用了截路分房法，把宅院划分为两进，外院只有三个照壁，一座小牌坊和一间下房，而进内院的大门则调整到属内院东侧的震位上，星位是“天医巨门土星”，中吉。而且经此调整，以内院的大门为伏位而排布游年九星，主房的星位也是“天医巨门土星”。这样，宅门与主房之间的吉凶关系，便得到较好解决。

5. 日法：定时

在古代中国，世俗中凡建宅、修缮、搬迁时都要选择吉日，所以日法又称“选择”。汉代王充在《论衡·讥日篇》中就提到：“工伎之书，起宅盖屋必择日”，对其中的无稽迷信，还予以了猛烈的批判。但在此后世俗流行的风水术中，选择之法仍然一直有所运用，甚至国家建筑工程也是如此。如《阳宅十书》便认为：“论形势者，阳宅之体；论选择者，阳宅之用。总令内外之形俱佳，修造之法尽善。若诸神煞一有所犯，凶祸立见，尤不可不慎”。

阳宅日法的选择，当然也涵有便利施工等合理成分，如选择适宜挖土、伐木、砌筑等工作的最佳时令气候等。但综观有关术书，占卜巫术的迷信禁忌色彩反而更显浓重。尤其在理气宗中，方法诸多，神秘晦涩，令人目眩。

(1) 忌神煞法

中国古代观测天体运行制定历法。木星由西向东运行（逆时针），十二年统日一周，叫“一周天”，木星称“岁星”。以后为了运用方便，又虚构了一个和岁星运行速度相同，方向相反（顺时针）的假岁星，称“太岁”。又把一周天及地面分成十二等份，用十二地支作标志，顺时针排列。太岁每年运行到的地支方位及冲位，动土修造皆为“冲大岁”，大凶。“三煞”为劫煞、灾煞、岁煞所在的方位也不能动土。如太岁运行到申位称“太岁在申”，寅为冲位，三煞各占巳、午、未三位，都不能动土。另外，还有其他值年、月、日、时神煞禁忌，若遇吉神，则动土大吉。除此以外，对神灵、祖先的忌日也要回避。

(2) 紫元飞白法

将洛书中的数理关系结合九宫，可定出所谓方位紫白图：1白、2黑、3碧、4绿、5黄、6白、7赤、8白、9紫。以此图为标准，将宫中各数依次减去1，逢0还9，这样可以得到另外8个方位紫白图。把这共计9个紫白图结合“三元”纪年法，以180年为周期而循环，每一年间九宫的紫白方位，即可定为修建之吉方。这种选择法，就称紫元飞白法。另外，还有月令紫白的规定：以子、午、卯、酉年，8白居中宫为正月；寅、申、巳、亥年，2黑居中宫为正月；辰、戌、丑、未年，5黄居中宫为正月；依次推导出各月份的紫白，即为当月的修建吉方。

（3）建旺日法

罗盘上的“二十四山”既表示时间，又表示方位。若某一方位与某一时间的纳音五行相生．则为此方位的建旺之日。如在紫白图中，六白金旺于秋，九紫火春更旺．一白木、八白土旺于三冬，皆为建旺之日。《阳宅大全》中将二十四山对应的二十四节气也称作当方建旺之日。此外还有十二建除法、偷修日法、六德法等许多择日方法，更为怪诞难懂。若全部按照这些办法行事，必然使人无所适从，故应运而生补救之法，即符镇法。

6. 符镇法

《阳宅十书＞上讲：“修宅造门，非甚有力之家难以卒办。纵有力者，非迟延岁月亦难遂成。若宅兆既凶又岁月难待，惟符镇一法可保平安。”从功能上分，符镇有两种，一是方位符镇，如“石敢当”、“山海镇”、太极图、八卦符及文字符镇。一般设在宅中凶位，如大门口、道路、房角、屋脊直冲的方位以及宅前屋后不合理法之处。

另一种是时间符镇。在动土修造时，若遇凶日，则可设立文字图案符镇，以求逢凶化吉。符镇之法，虽属风水中无奈的下策，但对于居者而言，借此人心理上的屏障。可以消除许多戒律的束缚，从而摆脱那种进区维谷的尴尬境地。

如房屋建造时，奠基要祭“牺牲”，上梁要“披红”，梁面要“避火”，屋脊要压“吻兽”。

理气派讲求房屋坐向、大门朝向。按现代建筑普通公寓住宅楼如何确立大门朝向？是整幢住宅楼大门、还是每套房屋大门、还是阳台朝向，目前还没有一个统一说法。

## 第十节　阴宅风水

英国学者李约瑟先生指出：风水是使生者与死者之所处与宇宙气息中的地气取得和合的艺术。阴宅就是安葬死人的墓基，自古以来人们非常重视，尤其是在古代的统治阶层，十三陵（图2.28）是一个象征。人们认为阴宅风水至关重要，它决定子孙后代的荣华富贵，关系到全家大小老幼的命运。同时古人认为死是一次重生。

图 2.28　明十三陵

中国人的生死观是“天地自然之道”，即“气”的运行规律，具有轮回转世的涵义。“二十年后又是一条好汉”的刑前壮语以及“下辈子当牛做马回报”等的民间俗语也体现了生死轮回的涵义。《易转》中说“原始反终，故知死生之说。”按照易理思维，无论是生是死均是自然规律。人活着的时候要营造“阳宅”，寻求养生的环境，利于生存的气场；而在死后也要建造“阴宅”，寻求安息的场所，利于神灵的转世。在中国现存的大量陵墓中，不难看出“阴宅”的建造实际上并不逊色“阳宅”的土木之功。至今人们对阴宅还是十分相信，其实阴宅福荫后人的说法大多是没有科学依据的。

春秋战国时期由于政权下逮，各国诸侯和大夫竞相修筑城垣及经营陵墓，以显示自己势力强大和财产富有。有许多坟丘被仿效成城池、宫室，坟称宫以及墙称垣的做法。最新发现的秦始皇陵内有一座30米高的建筑，更反映古人视死如生的观念。秦始皇陵内垣里乃形成一个建筑群，陵周围设有内外两重墙垣。考古文献材料证实，春秋战国时期大墓普遍位于城内而不似后世位于城外，十分有趣，恰恰反映了视死如生的观念写照。可以看出，此时陵墓在城内的方位亦有所倾向。

在古代，坟墓之穴除符合形法、理法的要求外，多选在砂土之处，因砂土的含水率低，渗水性和透气性好，最利于木质棺椁的持久保存。除土壤的物理性质外，地下水位层应低于屋基0.5米，以避免造成潮湿和塌陷，还要查看土壤的污染情况和蚁害、鼠害等情况以及地下有无古墓、古井、坑洞、穴道、砂井等地下坑穴。要探明这些情况，除了访问调查外，进行实地勘探则是一种必要手段。常用的勘探方法有坑探、钻探和触探，而在古代人们常用的就只有坑探了。

古代为探察地质地壤情况而进行坑探的位置，便是风水家所点的“穴”处。穴便是营建墓葬和住宅的具体地点，具体说来，“京都以朝殿为正穴，州郡以公厅为正穴”，“寻龙容易点穴难”（《葬经》），穴是风水家最重视的了。穴要在“龙之肉”即山脉（龙脉）的土壤中，切勿点在“龙之骨”即山脉的石头中。

其实阴宅风水没什么道理可言。

风水先生惯说空，指南指北指西东，若是真有龙虎地，何不当年葬乃翁。

崇祯皇帝却吊死在北京煤山，同治、光绪、宣统三代皇帝断子绝孙，而那些早逝的皇帝举不胜举，怎么风水不保佑他们呢？慈禧太后的东陵（图 2.29）是按风水理论建造的极好的场所，但最后还落得被军阀孙殿英掘墓毁尸的下场，并且也没福荫后人。难道是他们没有选好风水吗？与之相反，刘邦、朱元章出身贫贱，从不讲究风水，却由布衣当上了皇帝，这与风水有关吗？

有些人认为好的阴宅环境优美会产生好的磁场，与先人的磁场会产生好的互动，再由于后人和先人基因上有共同之处，互相关联。因此会福荫后人是否有依据，笔者不敢苟同，但有一点是毋庸置疑的，就是好的基地，环境优美、有山有水、植物茂盛、动物和谐，作为后人怀着对先人的敬重，在清明祭日给先人敬现鲜花，表达孝道，缅怀先人的德善。在这种情况下带着诚意对后人的心境是一种洗礼，对后人的健康也有所帮助。

图 2.29　东陵

## 第十一节　风水与“气”

“气”也是中国古风水理论的重要范畴，“气”有“生气、云气、风气、天气、地气、凶气、煞气、和气、顺气、逆气……”，“气云气也”，“云，山川气也”（东汉许慎《说文解字》）。“山水者，阴阳之气也”（《青囊海角经》）。郭璞《葬经》“气者形之微，形者气之著”。风水研究的核心即“气”，所有“气”的形成都是风的研究对象，“气”分“内气”、“外气”。“内气”和气功的“内气”雷同，是指人内在产生的一种感觉和意念现象。“外气”又分为“天气”、“人气”、“地气”，这三者都是风气研究的核心内容。而“地气”有是重中之重。

“气”是“古人将自然界对人体及其生态环境有重要影响，通过人体感觉器官，又无法搞清楚的自然因素综合抽象体”。

### 一、内气

俗话说“人活一口气”，死亡也称“断气”，古人强调气的延续性。内气是中医的主要研究内容。《管子·枢言》所说“道之在天者，日也，其在人者，心也。故曰有气则生，无气则死，生者以其气。”认为人活气行，人死气绝；世上万物都是气的生化结果，天上的星辰，地下的五谷和人的福寿夭祸均与气有极大的关系。

内气和心理场有很大的关联。而形成好的心理场决定是否有好的内气。

风水的主要内容一是气，二是形。“气”实则为心理场，“形”则指围绕“气”的环境，古人也将这两者看成不可分的两个部分：“气者形之微，形者气之著，气隐而难知，形显两易见”。“隐而难知”正是心理场的拓扑特征：没有形状，没有大小，不可见，不可测；“显而易见”则是物理场的欧几里德几何特征：既可见又可测。两者共属一个整体。

心理场强调直觉的能力，也即所谓的第六感官。有观点认为随着现代社会的发展，人类的第六感官已经退化，甚至不如动物。因此在海啸、地震前，动物都会预先逃生。而人对自然的变化的反映，特别是微波，已经麻木、退化。港台有风水师认为选址、选房要带小孩、动物一起去，注意他们的反映和要求，作为决策的依据。

## 二、外气

“人气”，风水学十分重视“人气”。《黄帝宅经》中“房大人少，一虚；房小人多，一实”的论点，“财散则人聚、人聚则财生”的习俗说法都说明“人气”的重要性。

“天气”，这里的“天气”包括气温、空气质量、风级以及电磁辐射的影响。

1. 场与气同源

近年来，射电天文学家研究结果提示，场属于宇宙创生时微波辐射，也包括星体的电磁辐射。气界水而止。水最容易吸收微波。“气遇水则界，水收拢了宇宙之气的缘故。

为何说“气”和“场”同源呢？

“气”始于哲学，哲学史家张岱年指出：西周末年的伯阳父就已提出“天地之气”，以后又有许多哲人涉足“气”河。

判定“气”的自然科学含义的工作最早是由德国科学家布尼茨（1646—1716 年）进行的，他提出了“气”即以太的见解。

随着科学的发展，人们正寻找更准确说明气的方法。中国的物理学家何祚庥明确提出了“气”与量子场中的“场”极为相似的观点：“气”与其说接近“以太”，不如说更接近现代科学所说的场。灌耕编译的《现代物理学与东方神秘主义》中也提到：在中国哲学中，气“明确表达了场的思想”。李约瑟就此指出：中国人在这方面是如此地领先于西方人，以致我们差不多可以冒险地猜测：如果社会条件有利于现代科学的发展，中国人可能首先通过磁学和电学的研究，先期转到场物理，而不必经过撞球式的阶段了。

将“气”、“场”外延扩大，“气”被引入了风水说，赋予了主观的含义；同样勒温把物理场引入了心理学，创立了心理场。

慧缘在《慧缘风水学》一书，提到气与微波信息的关系。

“今天的微波技术，是风水学的科学性的表现形式之一”。

风水学中“山环水抱必有气”的“山环水抱”，尤其是“山环”，相当于微波技术中的铁锅状的微波天线。

风水学的马路、气口、通道，相当微波技术的“波导管”。

风水学中宅院、房子，相当于微波技术的“谐振腔”。

风水学中的门前障碍物及化解法，相当于微波技术产生的“驻波”及“匹配元件”。

风水学中风对“气”的影响，相当于微波技术中对流层对微波的影响。

沿海地区的交通、信息条件优于内地，发展迅速的上海地处中国的沿海岸线的中心，又处于长江的龙头位，风水格局独好，是中国的经济中心，而上海又对周围有强力辐射作用。财气辐射能力大小决定了周边城市的发展和繁荣，因此靠近上海的昆山、苏州、宁波、杭州等城市相对繁荣，而沪宁线上的城市基本上是按靠近上海的距离获经济排名的。如苏州强于无锡，无锡强于常州，常州强于镇江。

2. 空气

现代“空气质量”的说法，是指与人的身心健康密切相关的室内外空气的成分，状态经由空气对人体发生作用的自然因素，与人体正常生理和心理需求吻合的程度，属于人类生活区物理环境范畴。创造优良的生活区室内外空气质量，是规划设计、建筑物理及环境工程学的共同目的之一。

室内空气质量理论，包括了室内空气的热湿状态，空气的成分，各壁体表面的辐射性，空气的运动状态等，这些物理量直接作用于人体感觉器官，影响人体舒适度。

照此理解“空气”隐含的客观物质因素至少有二：一是静止的空气无色无味，受热后温度升高变成“阳气”，失热后温度降低变为“阴气”。区域性的“阳气”（低气压）和区域性的“阴气”（高气压）形成“风气”；二是水分充足、植物茂盛的地表面层空气为“生气”，升至天空谓“云气”，四周无屏障处不能“聚气”，含有二氧化碳、二氧化硫等有害气体谓“恶气”等等。

按现代生态建筑学理论，一个成年人每小时约需30立方米的新鲜空气。一般情况下，居室可每小时换1～2次空气，这个新鲜空气的容量可大致认为是居室容积。如此以每人的居室容积25～30立方米和现在我国流行的住宅净高为2.7米左右计算，可得出每人应有的居住面积为9.3～11.1平方米。达到这个面积可以保证室内空气质量（图2.30）。

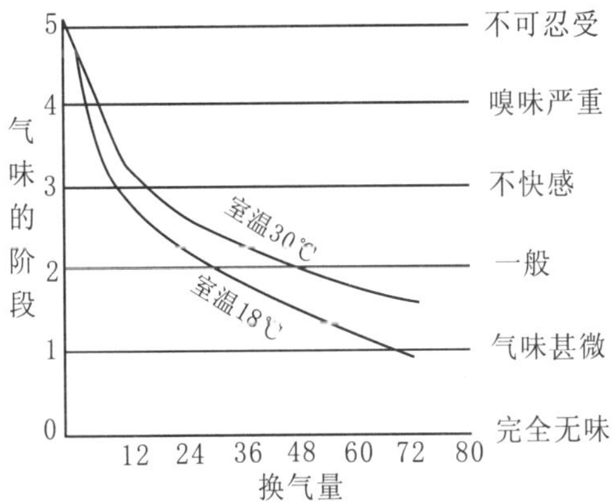


**图2.30　每人每小时需要换气量（立方米）**

3. 地气

郭璞《葬经》曰：“气乘风则散，界水则止，古人聚之使之不散，行之使之有止，故谓之风水”。此外古人有言：“风水以气为主”。无论是阳宅还是阴宅的选址或营建都城都很重视对气的疏导、缠护、会聚、回收，其目的都是为使有“升降变化”的“天地之气”会聚于穴。

（1）村基选址中气与形

按风水师的方法，择基选址基本有几个步骤：觅龙、观砂、察水、点穴，把气从山上引下来，聚之于穴，即“山气茂盛，直走近水，近水聚气，凝结为穴”。首先是觅龙，即寻找祖山。古人认为山是气之源，如《望气篇》中谈到山的形势与气的关系：“凡山紫色如盖，苍烟若浮，云蒸霭霭，四时弥留，皮无崩蚀，色泽油油，草木繁茂，流泉某冽，土香而腻，石润而明，如是者，气方钟也未休”。反之，“凡山形势崩伤，其气散绝谓之死”。可见环境和“气”的关系多么紧密。

在“气”运行中，又强调了气的连续性，郭璞曰：“气因形来而断不可葬也。然断有几等：有为水冲者，有为路所截者，有为畚锸所伤者，龙行至此，未有不遭其害者也”。这里龙指“气”，气流实则是心理流，这时人们希望心理流不要受阻。

“气”被引下龙脉后，又有左右龙虎砂山夹紧，“若非龙虎夹紧直走近水旁，则水动堂而气散”。这时仿佛气流到达目的地了，需龙虎夹紧，否则就会漏掉，这里说的左右龙虎砂山就是上面提到的“形”，即环境空间，它像一个容器一样，容纳了“隐而难知”的“气”。

砂山之前还有朝山，“开面向里，不拘远近，俱名有情，远朝（朝山）及前后左右之砂皆以真面相向，无破碎尖射凶顽为融结”。可见朝山、砂山这一“形”不得与“气”冲突，应“以其护卫区穴，不使风吹，环抱有情，不逼不压，不折不窜”。

朝山再向两旁是罗城，“罗城者祖山分障包罗于外以成大局者，即龙之余气也”。可见余气还以罗城再缠，以确保气不外溢。

因此前有朝山，后有来龙、大帐，左有青龙，右有白虎，仿佛一个大四合院（图 2.31）。全院的惟一出口就是水口，水口为“一方众水所总出也”（《水口篇十》），真好像四合院的大门，既是

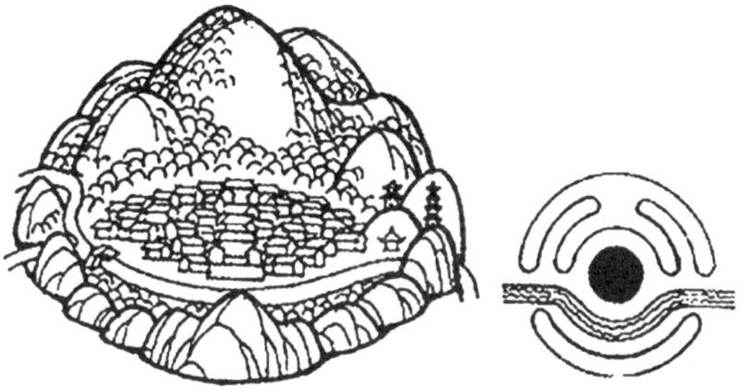

A　　B

图 2.31　村镇风水格局的封闭式空间构成(A)及其基本模式图(B)

进出村口的关口，又可能是溢气的通道，是个关键的地方。四合院总作有影壁，以防漏气，村落也不例外，“祖山开障展作罗城，罗城余气去，作关阑重重，关锁缠护周密”（《水口篇十》）。这里关阑，关锁都是指水口。

古人选“形”可谓“滴水不漏”，用“形”紧紧拢抱着“气”。虽说“气”、“形”相辅相成，但是像这样全封闭的“气”、“形”关系在西方并不多见，这正是中国人心理场的特色。

(2) 宅中的气与形

气从龙脉直下，两砂夹持，直入穴中，“夫山止气聚名曰之穴”(《穴病篇四》)。所以穴是聚气的焦点。

穴有阴阳两种，这里仅就阳宅而论。对阳宅的评介几乎和村基差不多，实际上，“宅”具有引申意义，因为“家国同构”，住宅和村落以至城镇也被涵盖。

《宅外形第一》中：“凡宅左有流水，谓之青龙；右有长道，谓之白虎；前有污池，谓之朱雀；后有玄武，为最贵地”。完全和村落选址中前朝山，后大帐，左青龙，右白虎的格局吻合，因此无论何种地表地貌，或大或小，都遵循同一原则，“负阴抱阳”成围合之势，聚之有气，藏之有能。从住宅本身也能看到，它们多围合成天井形式，前后左右俱成环抱之势（图 2.32)。在住宅中

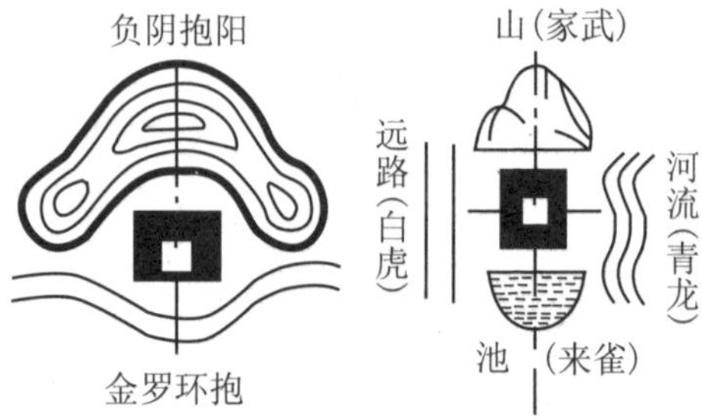


图 2.32　最佳住宅选址

蕴藏生气，门是极重要的，这一点恰似村落中的水口。阳宅中的“三要”（门、主房、灶）及“六事”（门、路、灶、井、坑、厕）把门都作为一个要素。事实上，门确是保护生气的枢纽，“门通出入，是为气口”（《阳宅大全》）。《论开门修造门第六篇》中强调了门的通“气”作用：“惟是居房屋中，气因隔别，所以通气只此门户耳。门户通气之处，和气则致祥，乘气则致戾，乃造化一定之理，故先贤制造门尺，立定吉方，慎选月日，以门之所关最大”。认为“宁与人家立千坟，毋为人家安一门”。可见门之重要。

图 2.33　鲁班尺

量门的门尺也完全不同于一般的尺子，门尺称鲁班尺（图 2.33），上面刻有凶吉门光星，用它衡量门窗。可见立门主要不是以人体尺度为依据，而是从观念出发，强调对气的导引或堵塞，而气则用吉凶表示优劣。

从村落到住宅，围合的同构现象反复出现，表现了人特定的需求。围绕“气”出现了一系列“形”。从山脉、道路、河流、污地、山丘及各种形式的建筑物等，构成了“形”的要素，维护着“气”——心理空间的完整。

因此，负阴抱阳的局势是一种客观事实，而导火索是

“气”——心理空间。

中国人与外国人既有共同的心理特征，又有独特的古风，“自来自去梁上燕，相亲相近水中鸥。老妻画纸为横局，稚子敲针作钩钩”。描绘了几千年封建王国以家庭为中心的封闭式田园生活。除了中医外，中国的围棋也讲求“气”，易经的“气”认为一物均存在两种以上的气，有“生气”就有“死气”，有“阳气”的同时也存在“阴气”。当人如失去阳气，只剩阴气，那就面临着死亡，生命是两种气的平衡。围棋的活形必须两口气以上，如只有一口气，只是死棋而已。

## 第十二节　风水与性

阴阳最初的意义是指日光的向背，向日为阳，背日为阴，历来引申为气候的寒暖。古代思想家看到一切现象有正反两个方面，就是用阴阳这个概念来解释自然界两种相互对立和相互依存的物质力量。日常生活中常见的金、木、水、火、土五种物质来说明事物的起源。吸取“阴阳”这个概念来解释自然界的两种相互对立又相互依存的物质力量，认为二者的相互作用是一切自然现象变化的根源。

在男女的问题上，古人（以至于今人）一直把男人称之为阳，把女人称之为阴，而提倡“阴阳相济”。同时，又把男子的属性归之于火，把女子的属性归之于水，这种思想几乎贯穿在所有的古代房中术著作中，这当然和阴阳五行说有很大关系。

古人的比喻或归纳是相当贴切的。首先，火容易燃起，也容易熄灭；反之，水在火上加热需要一段时间，但热起来以后，冷却也相当慢，这是男女性反应有所不同的真实反映。其次，火的燃烧需要燃料，而水却处于一种自然状态，有很强的适应性，这又是对男女性能力的恰当比喻。中国古代的房中术著作要求男子惜精备气，正是因为考虑到燃料有燃尽的时候，所以必须节约，交合时要少泄或者不泄。再次，水要靠火来加热，而火又会被水熄灭，这又是男女在性关系上相互依存又相互对立的恰当描述。最后，这种水火学说也是为采阴补阳的男女双修提供了依据。

## 一、形法与性

在《博山篇》中，黄妙应曾含蓄地用“圈”来代指女性外阴部，认为：

天下道理，阴阳无行，不离一“圈”。这一“圈”者，生死之窍。天地之间，有小的“圈”，有大的“圈”，认得此“圈”，处处皆“圈”。偈曰：白玉团团一个“圈”，乾旋坤转任自然。谁知“圈”内百般趣，便是人间行地仙。

这一“圈”，天地“圈”：圆不圆，方不方，扁不扁，长不长，短不短，阔不阔，尖不尖，秃不秃，在人意会，似有似无，自然“圈”也。阴阳此立，五行此出。“圈”内微凹，似水非水；“圈”外微起，似砂非砂。

相比之下，孟浩就没有那么含蓄了，在《雪心赋正解》卷之二中，他径直画出了两幅颇似女阴的穴型图（图 2.34）。如果我们将二图与生理学教科书中的有关图例做一对比，就不难发现，两类“穴”图之间存在着高度的一致性和对应性，具体解析如下：

化生脑——为主山之前的山麓隆起，它“自圆顶隐隐而下，复起微突”。其原型为女阴之阴阜。

八字水——因龙穴位于有化生脑的主山正前方，因此，两水落到主山后，就应当向沿山坡向穴之两边分流，故称之为“分水”，又因其形状恰似“八字“，故名“八字水”。分水（八字）有三：位于穴后最近的水路为“第一分水”，即“小八字”，其原型为小阴唇与大阴唇之间的皮肤皱沟；靠近主山至龙虎所交的水路为“第二分水”，即“中八字”，其原型为大阴唇与大腿间的皮肤皱沟；离穴最远的叫“第三分水”即大八字，由于它位于主山

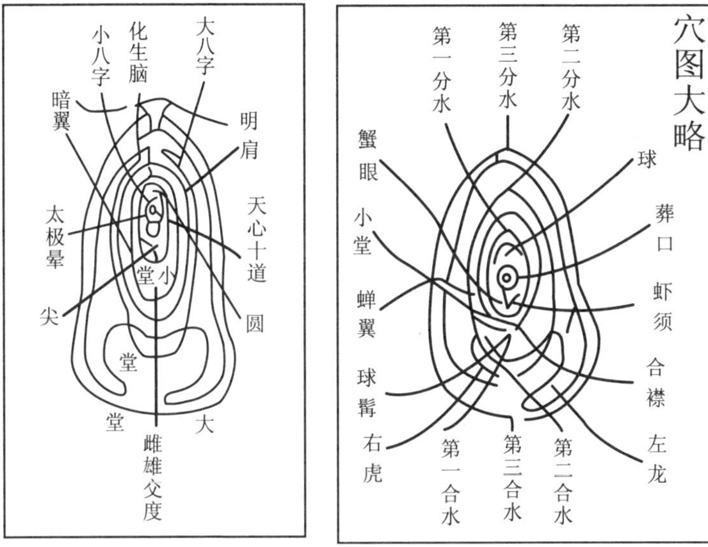


图 2.34　穴形图

之后，龙虎（象征大腿）之外，故与人体无对应关系。

圆球——位于化生脑之下、葬口之上的隆起部分，其原型为阴蒂。

蝉翼——又名暗翼，指“第一分水”和“第二分水”间的两股细砂。由于此砂暗藏不明，隐约可见，形如蝉翅，故名为蝉翼。其原型为小阴唇。

明肩——“第二分水”内侧的两道明砂。其原型为大阴唇。

葬口——即穴口，其原型为阴道口。

太极晕——位于葬口之中，其原型为宫颈。

明堂——穴前注水之处，如君王之殿堂，以受朝贡。其原型为会阴。根据离穴的远近不同，明堂又有大、中、小之分。“小明堂”位于葬口之下，它平坦窝聚，可容一人侧卧，是第一合水的汇聚处，“所注虾须、蟹眼之真水，犹如母血藏聚，滋养胎气，故穴得此而聚也。”“中明堂为第二合水的汇聚处，它位于龙虎内侧，故又称内明堂，其原型为鼠蹊沟。大明堂为第三合水的汇聚处，由于它位于龙虎之外，故又名“外明堂”。外明堂和人体无直接的对应关系。总之，由化生脑、八字水、圆球、蝉翼、明肩、葬口、太极晕以及明堂所构成的穴形图，完全可以看作是一幅颇有特写意味的自然主义的美术作品，而由这个穴形图加上写意性的“主龙”和龙虎之砂所构成的整幅“山水图”，则可以看作是一幅颇有象征意味的超现实主义的“人体画”。乍听起来，这简直有点匪夷所思。然而仔细琢磨，既然堪舆的职责是为亡灵寻求寄托之地，以利其早日投胎人间，那么，如此说法，也算不得什么哗众取宠。

风水吉祥地的山水结构图（图 2.35）中的穴位恰似女阴中的阴道。古人认为男女交媾，也即阴阳交会处，最具灵性，其实古人最初的建筑充满了对人类生殖器官崇拜，特别是对女性生殖器的崇拜。汉语中关于女性特征的名词可提供有力证据：乳房、子宫、阴户，都是以建筑构词“房、宫、户”构成的。《黄帝宅经》中也曾说过“夫宅者乃是阴阳之枢纽，人伦之轨模。”自古以来山都是乳房稳定的象征物。有些地方的山脉本身就叫乳山、奶头山，而乳房有时也称乳峰。此外，精神分析学的研究也表明梦中爬山和性欲不一定的关联。如“有奶就有娘”，浑圆、丰满的乳房是哺乳期女性的必备特征，而人死后又回到大地的怀抱中去投胎，从新扮演胎儿这一需要保护的弱者角色。

《洞玄子》中的说法：交接所向，时日吉利，益损顺时，效此大吉；春首向东，夏首向南，秋首向西，东首向北。《洞玄子》中的说法是否有科学道理，无从论证。

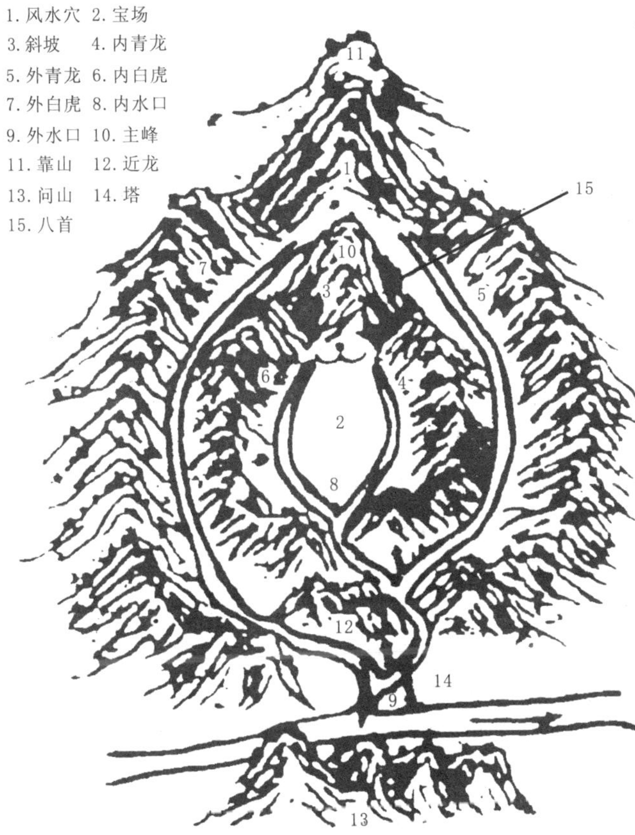


图 2.35 风水吉祥地的山水结构图

## 二、易经与性

中国神秘文化的另一内容《易经》是有许多科学道理的。全世界有不少学者还在不断地研究它。在《易经》中有不少关于性的内容，更值得注意。

“易”有变易（穷究事物变化）、简易（执简驭繁）、不易（永恒不变）这三重意思。

《易经》包括两部分内容：一部分为《经》，一部分为《传》。《经》主要是六十四卦和三百八十四爻，卦、爻各有说明（卦辞、爻辞），作为占卜之用；《传》包括解释卦辞、爻辞的七种文辞共十篇，统称《十翼》。

《易经》通过八卦形式，即：乾☰、坤☷、震☳、巽☴、坎☵、离☲、艮☶、兑☱，代表天、地、雷、风、水、火、山、泽八种物质现象。八卦中的每两卦都是对立的，由于阴“⚋”、阳“⚊”是八卦的根本，它说明由阴、阳两种气体互相结合交感而产生万物。八卦又以两卦相叠演为六十四卦，进一步阐明事物交感和发展变化的道理，《易·系辞》上说：天尊地卑，乾坤定矣。卑高以陈，贵贱位矣。动静有常，刚柔断矣。方以类聚，物以群分，吉凶生矣。在天成象，在地成形，变化见矣。是故刚柔相摩，八卦相荡。鼓之以雷霆，润之以风雨；日月运行，一寒一暑。乾道成男，坤道成女。乾知大始，坤作成物。乾以易知，坤以简能。易则易知，简则易从。易知则有亲，易从则有功。有亲则可久，有功则可大。可久则贤人之德，可大则贤人之业。易简而天下之理得矣。天下之理得而成位乎其中矣。

20世纪以来，不少学者研究《易经》和八卦，发现其内容与性有密切联系。著名学者钱玄同发表了一个惊人的看法：“我以为原始的易卦，是生殖器崇拜时代的东西：‘乾’“坤’二卦即是两性底生殖器的记号。”1927年历史学家周予同也发表了相同的见解：“《易》的⚍就是最明显的生殖器崇拜时代的符号。表示男性的性器官”，“表示女性的性器官。”1928年，郭沫若对此进一步阐述，他认为：“八卦的根柢我们很鲜明地可以看出是古代生殖器崇拜的孑遗。画一以像男根，分而为二以像女阴，所以由此而演出男女、父母、阴阳、刚柔、天地的观念。古人数字的观念，以三为最多，三为最神秘。由一阴一阳的一画错综重叠而成三，刚好可以得出八种不同形式。”可见，阴阳观念是由牝牡这些性器官的模型引发的，而对性器官的重视又直接同人类古老的生殖崇拜的风俗相联系。

以《易经》为代表的阴阳文化，系统地体现了生殖文化，并把生殖文化升华到一个新的阶段。《周易》在阐述阴阳变化万物的哲学观念时，性器官和性行为的术语仍然是具有重要意义的可感之物，深刻地反映着生殖文化的内容，例如：

男女构精，万物化生。

夫乾，其静也专，其动也直，是以大生焉。夫坤，其静也翕，其动也辟，是以广生焉。

云行雨施，品物流形。

天地感而万物化生。

天地不交而万物不兴。

以上所说的“动也直”、“动也辟”、“云雨”、“感”、“交”等都是男女性交的术语。《易经》通过对性交的描写，以赞美宇宙生成万物的伟大，把两性的交媾推及到天地交合的广阔领域，并把对人的生殖行为的赞颂涉及到对社会、政治、道德的产生与运动的赞颂。《周易·系辞》云：“生生谓之易。”这就是说，生生不已的生殖运动构成了《易经》的根本思想，这一重视生命延续的思想对后来的中国文化的影响是极为深远的。周予同先生曾说：“儒家的意见，以为万物的化生，人类的繁衍，完全在于生殖，倘若生殖一旦停止，则一切毁灭，那时无所谓社会，也无所谓宇宙，更无所谓讨论宇宙原理或人类法则的哲学了，所以生殖或者露骨些说‘性交’，在儒家认为是最伟大最神圣的工作。”

《易经》是一本具有很深哲理的著作，它把男女两性视为自然的一部分，以男女两性的相交来联系自然，重点阐述自然与人变化（易者，变也）的原理，它将自然界被动的力量称为“阴”，将主动的力量称为“阳”，并描述阴阳如何交互作用而推动“气”沿着至高无上的自然法则来进行。一阴和一阳间的交互作用叫做“道”，作用所产生的生生不息过程叫做“易”（变化）。

按照这种理论，阴阳是彼此相反而互补的两种力量，相克相生。在自然现象中，月亮与冬天属于阴，太阳与夏天属于阳；对人类来说，女人属于阴，男人属于阳，阴阳需要互补。这也就是所谓“刚柔相摩，屈伸相感而利生焉。”这都是强调阴阳结合，阴阳互补，男女要“相摩”、“相感”，这样才能“利生”，无论缺了哪一方都是不行的。

在《易经·说卦》中说

乾（☰）天也，故称乎父；

坤（☷）地也，故称乎母。

震（☳）一索而得男，故谓之长男；

巽（☴）一索而得女，故谓之长女。

坎（☵）再索而得男，故谓之中男；

离（☲）再索而得女，故谓之中女。

艮（☶）三索而得男，故谓之少男；

兑（☱）三索而得女，故谓之少女。

以上原理显示，人们如果要快乐、长寿，必须效法自然，使自己生命中的阴阳两种成分像自然界一样和谐地交互作用；同时借阴阳（男女）的接触，彼此吸取，从而强化这两种成分。因此，男女的性交不仅是单纯的欲望发泄，而更是阴阳两种宇宙力量在人类身上的具体展现。天地相交而生万物，男女交合而生子女，而风水文化的原型来自于胎儿的生活需要，风象征空气、象征呼吸；水象征胞血，象征羊水。风、水联合在一起，就象征生与再生。从仰韶文化时期瓮棺盖上设有气孔，瓮身或瓮盖绘有游鱼，我们也能看到风水文化的渊源是多么的久远。

道家的“天人感应，阴阳合一”的理论盖出于此。

不仅《易经》的根本观点如此，其各卦也有不少有关性的内容，即以其中《上经》、《下经》的第一起——“乾卦”、“咸卦”为例：

（原文）

☰ ☰

乾：元，亨，利，贞。

初九：潜龙，勿用。

九二：见龙在田，利见大人。

九三：君子终日乾乾，夕惕，若厉，无咎。

九四：或跃在渊，无咎。

九五：飞龙在天，利见大人。

上九：亢龙有悔。

用九：见群龙无首，吉。

对以上“乾卦”的白话翻译是：

男性卦：是好的开始，可发展，繁荣，结果。

九在最下面一行：龙潜于水，不要行动。

九在倒数第二行：见到龙出现于田野，有利于去见大人先生。

九在倒数第三行：君子在白天努力，在晚上努力，这样好好干，就没错。

九在倒数第四行：龙在渊中跃动了，没错。

九在第二行：龙飞上天了，有利于去见大人先生。

九在第一行：龙飞在天上，过于高了，要后悔。

九外一章：见到许多龙没有为首的，是吉象。

以上这个“乾卦”是男性卦，它的象形是☰☰，即男根。

由于是男性卦，所以一派阳刚之气，龙来龙去的，而“咸卦”就不同了：

（原文）

☱ ☶

咸：亨，利，贞，取女吉。

初六：咸其拇。

六二：咸其腓。凶，居吉。

九三：咸屁股，执其随，往吝。

九四：贞吉，悔亡，憧憧往来，朋，从尔思。

九五：咸其脢，无悔。

上六：咸其辅、颊、舌。

对以上“坤卦”的白话翻译是：

感应卦：可发展、繁荣、结果，娶个女人，是吉象。

六在最下面一行：碰她的大脚趾。

六在倒数第二行：碰她的小腿，不好，不动才好。

九在倒数第三行：碰她的大腿，她用手推开他的脚，再下去就不好了。

九在第三行：不动就好，动了就糟了，内心忐忑，朋友，照你所想的去做。

九在第二行：抱住她的背，不要后悔。

六在第一行：吻她的嘴唇，亲她的脸颊，舐她的舌头。

以上这个“咸卦”是女性卦，它的象形是☷☷，中空，即女阴。以上这个卦是典型的性交卦，阐明了性交前的调情动作，还有女上男下的性交体位。潘光旦先生认为，这一段文字与其说是描写性交的本身，毋宁说是描写性交的准备。所谓“咸其拇”，“咸其腓”，“咸其股，执其随”，“咸其脢”，“咸其辅颊舌”，都是一些准备性的性戏耍，并且自外而内，步骤分明。不论怎么说，《易经》中竟有这样的内容，真令人惊叹。

在八卦中还有蒙、泰、革、屯、贲、睽、兑、渐、家人、恒、随、小畜、剥、大过、归妹等都涉及性与婚姻。

有些卦还显示当时的男女在社会中的地位。后世常用《易经》来占卜，这个问题值得研究。总之，《易经》之谜直到现在还没有完全破开，它对人的生活、哲学思想、宗教以及性学的影响都很大。

风水理法中对家中父母、子女房间的位置以及房屋格局是否有利于长女、长男等说法就是从易经上延伸去的。

## 第十三节 古代风水理论的局限性

1. 基于农耕社会。随着村落同宗聚居的形成，农耕作为主要的生存生活方式，自给自足，对环境提出了“依山傍水”的要求。

2. 基于砖木结构。由于古代建筑材料的落后，决定了房屋的结构简单，以坡屋面作为屋面排水的主要形式，也就会出现屋梁为奇数（所谓阳数），房屋“百尺为形”的尺寸局限。

3. 基于当时的科技水平。饮用、灌溉用地面水，交通主要靠水运，气温、空气调节主要靠自然风，改造自然的能力较差，对美的要求，主要靠先天自然的美景。

4. 基于安全的要求。依山傍水，左青龙，右白虎，会使人有安全感。

5. 封建统治的要求。古代黄帝为“九五”之尊，为天下之中，五色为“黄”，因此老百姓房屋不能九五间，房屋不能用黄色等等。

6. 基于古代人少地多的原因。

7. 基于人们对自然界、自然科学的认知不足。

## 第十四节 风水与中医

《易经》是中国人最基本的思维源头。中国风水学也称“易学堪舆”，它在“堪天道、舆地道”中是遵循易学思辩的。易理最重要的观点，认为事无巨细，事无大小，都是太极。“其大无外，其小无内”。“一物从来有一身，一身自有一乾坤”。因此，风水学认为一座城市、一个村镇、一处庭院、一幢建筑、一户住宅、一个房间……都是一个太极，只是层次不同而已。这一观点，实践证明是正确的。

1. 风水与中医的理论都来自《易经》

风水术无论理论基础、思维模式，还是价值取向，终极目标，都深受《周易》思想影响，二者有着千丝万缕联系。

风水与中医的理论基础大多来自《易经》，从某些角度上讲，可以算得上兄弟学科。他们研究的是主体一个是人体，一个是房屋，核心都是“气”，在很多方面有相似之处，阴阳说、五行说更是如出一辙。中医与风水同样重视“气”，中医中的气为风，血脉为水，气滞、气盛皆不好，血脉不畅不好，似乎与风水理论有不少同理之处。《水龙经》中说：“石为山之骨，土为山之肉，水为山之血脉，草木为山之毛，皆血脉之贯通也”。

中国古代医学文化中的“阴阳说”确定的“阴”与“阳”，同人的属性有关联的，有女人与男人、小辈与长辈、年幼与年长、体弱与体壮、抑制与兴奋、收敛与发散；同人体组织结构解剖有关联的，有人体部位的下部与上部、下降与上升、进入与排出、体内与体表、内侧与外侧、腹部与背部、精血与气、藏精与传化、筋骨与皮肤、体内脏腑的五脏（心、肺、脾、肝、肾）与六腑（胆、胃、小肠、大肠、膀胱、三焦）、下部的肝肾与上部的心肺，以及每一个脏腑的“阴”与“阳”之分；同人体的生理功能所相关联的“阴”与“阳”，是指脏腑物质与脏腑功能的关系；应用与病理辨证时，诊象的里与表、虚与实，精神的委顿与狂燥，面色的色泽晦暗与色泽鲜明，语声的低微无力与高亢洪亮，脉象的沉与洪、细与大、涩与滑、迟与数，寒热的畏寒与壮热，大便的清晰与燥结，小便的清长与短赤等。

“阴阳说”用“阴”与“阳”的盛虚偏衰和伤邪，概括千变万化的疾病原理：阴邪致病，出现阴盛阳伤的寒证，阴虚则不制阳，出现虚热证，即所谓的“阳盛则热，阴盛则寒”，“阳虚则内寒”，“阴虚则内热，阳盛则外热，阴盛则内寒”。“阴”“阳”双方的抗挣会引起病情的演变，“阴”“阳”双方的虚损会导致对方的虚损，即所谓的“阴虚及阳”，“阳虚及阳”，“阴阳两虚”。

“阴阳说”是辨证的总纲，为“八纲辨证”（阴阳、表里、寒热、虚实）之首，而且里、寒、虚属阴，表、热、实属阳。进行诊断，调整阴阳，抑盛、补虚、纠偏、抗衰，恢复阴阳平衡的正常状态，调理人体的阴阳平衡，是预防疾病的“得道”。

宋蔡牧堂《发微论》中认为自然界的水、火、土、石分别与人身的血气骨肉相对立。并指出地由水、火、土、石组成；人由血气骨组成：水则人身之血，故为太柔。火则人身之气，故为太刚。土则人身之肉，故为少柔。石则人身之骨，故为少刚。合水火土石而为地。尤合血气骨肉而为人。

2. 中医是以人为主体，风水是以环境、房屋为主体

房屋，也可比作人的身体，门头为人的脸面，梁柱为人的骨架，墙体为人的肌肤，外墙为人的皮肤，房间为人的内脏，内部通道为人的血脉，电路、网络线、水路为人的神经系统、淋巴系统。从这个比喻，很容易理解风水上的一些观念，如梁柱不宜改动，先天所成最好不动，现代社会的整容、增高引起很多后遗症。如门面不宜过高，也不宜过矮，就如人的脸面，太高太小就不适宜，还要和整体协调。

中医的望、闻、问、切。望诊包括望神、察色、望五官、望舌苔。问诊包括声音和嗅气味。问诊是指和病人交谈，获取信息。切诊是把脉。

风水的勘察同样讲究望、闻、问、切。对于风水来说，所谓望，就是首先房间位置、周围环境、房屋的造型及装饰，以及主人的气色等。所谓闻，就是通过嗅觉、听觉，察看房子周围是否有噪音、恶臭以及植物的香气。所谓问，就是通过和房屋主人的交流，获取主人以及房屋的情况信息。所谓切，包括使用罗盘，把握房屋的取向以及风和阳光对房屋影响的测定，以及电流线路、室内人流的动线把握。

中医中有“六气”之说，即：风、寒、暑、湿、燥、火。它们的功能是：风以动之，寒以坚之，暑以蒸之，湿以润之，燥以干之，火以温之。在正常情况下，“六气”的变化对人并无害处。

但在变化无常时，就会使四季的正常转变发生混乱，如春应温而似寒，秋当凉而仍热，这些反常现象可以致人生病。在“六气”成为致病因素时，中医就称它为“六淫”。在“六淫”中，风居首位。《内经》中有“风为百病之长”、“风为百病之始”。风水对“风”也十分重视。

3. 中医与风水的自然属性

古代风水学的基础是中国传统哲学的阴阳与元气说，“天人合一”、“万物一体”的思想作为融贯整个风水学的灵魂。古代中国人很早就发现太阳、月亮及28星宿及金木水土火五大行星的运行规律，以及它们同地球昼夜节令变化和灾情间的关系。在古人看来，天地的运动直接与人的生长相关。天地是个大宇宙，人身是个小宇宙，人体与宇宙同构。天地分为阴阳，人体亦分阴阳。天地有五星五岳，人体亦有五官、五脏。天分成十天干，表示地球绕太阳转一圈，人亦对应有十指。地分为十二地支，表示一年月亮绕地球十二圈，人亦对应有十二经筋、十二经别、十二皮部……人的整个经络系统随着时间的先后，年、月、日、时辰，周期性地气血流汪，盛衰开合，人应时辰月令，这一切都暗示着我们，人类的出现决不是偶然的，它凝聚着整个宇宙的生命，人体完全是与宇宙相合的，人体之气与宇宙之气可以交流的。人生存中的任何活动要吻合于自然，要取得与天地自然的和谐相处。因此，要避免在不利于人类生存的气息与环境中生活，人的建筑活动就要利于自然的和谐。只要按照自然的秩序，求得与天地和自然万物和谐，就会获得平安与快乐，从而达到趋吉避凶。

4. 中医与风水的相关性

西医和中医在理论上是有很大差别的，产生了许多属于各自领域的概念和原理。这些概念是无法互释的，使跨越地域说明对方理论存在很大障碍。但中、西医同样实用，如用西医解释中医的科学性十分困难，而古代风水学和现代建筑选址学存在同样的状态，两者之间理论体系完全不同，但结果有时却惊人的相似，如现代建筑选址学很注重风向，在北半球最好多东南风、少北风，而风水学从四方、五行的角度，要求前朱雀、后玄武，同样达到了多南风，少北风的效果。

建筑形式与人体内分泌系统的关系是肯定存在的。如人在高处俯视，栏杆较低或透明，会使人倒吸一口凉气，体内好象血液流动发生瞬间异常，内分泌腺场分化异常，因此建筑对人产生的恐惧、不安定等感观对人体产生直接影响。三峡工程给人类带来益处时，同时也可能带来生态上的问题。由于水位上涨，动植物上移生存空间，引起老鼠大战，鸟类大战，土力学上的问题（割脚水），水体污染、山体滑坡，地震等新问题。

根据《黄帝·灵枢经》和杨继洲《针灸大成》上的穴位名称，亦可看出经络穴位名称多与山川丘陵河谷等地理上的名词有关。其中有海（照海、小海等），河（四渎），溪（太溪、后溪等），沟（支沟），地（地仓），井（天井），泉（涌泉、阴陵泉等），池（阳池、曲池等），泽（尺泽、少泽），渊（太渊），渚（中渚），山（承山、昆仑），丘（商丘、丘墟等），陵（大陵、下陵等），谷（河谷、然谷等）等等地理和地貌名称。由此可知，人体的经络、穴位概念是从地理学上来的。（见图 2.36）

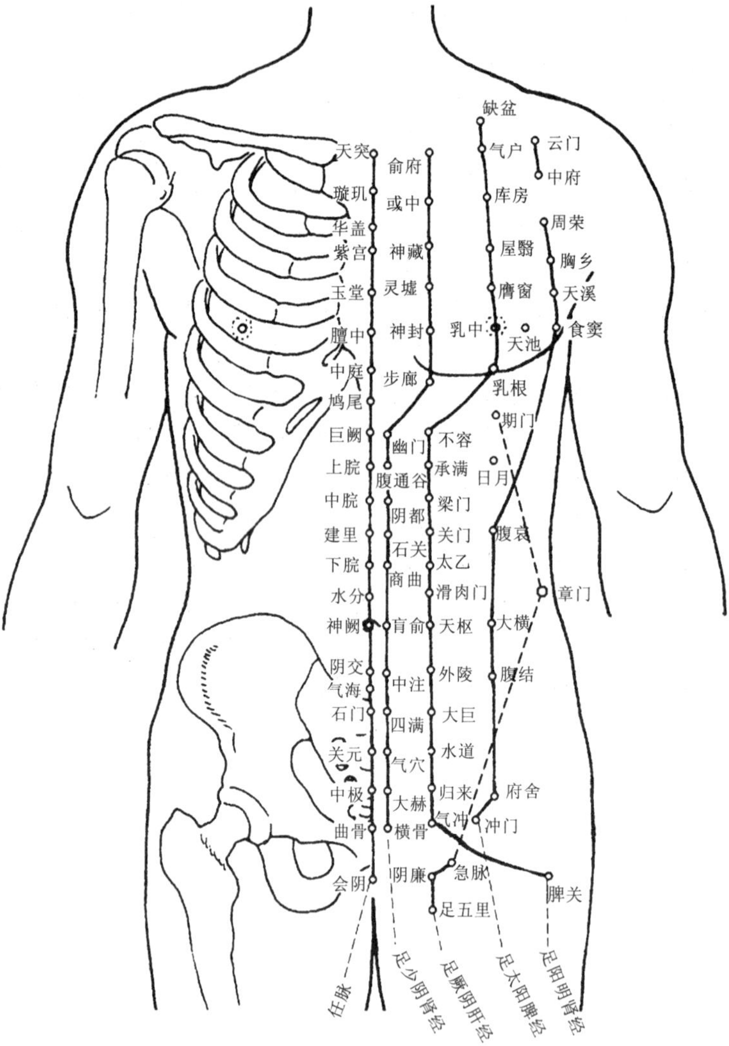
缺盆
气户
云门
中府
天突
俞府
璇玑
彧中
库房
周荣
华盖
神藏
屋翳
胸乡
紫宫
玉堂
灵墟
膺窗
天溪
膻中
神封
乳中
天池
食窦
中庭
步廊
乳根
鸠尾
期门
巨阙
幽门
不容
上脘
腹通谷
承满
日月
中脘
阴都
梁门
建里
石关
关门
腹哀
下脘
商曲
太乙
水分
滑肉门
章门
神阙
肓俞
天枢
大横
阴交
气海
中注
外陵
腹结
石门
四满
大巨
关元
气穴
水道
中极
大赫
归来
府舍
曲骨
横骨
气冲
冲门
会阴
阴廉
急脉
髀关
足五里
任脉
足少阴肾经
足厥阴肝经
足太阴脾经
足阳明胃经

图 2.36 人体穴位图

# 第三章 规划选址与风水

汉刘熙《释名》：“宅，择也，择吉处而营之”。

古人曾经说过：“山水广大，出度量宽宏之人；山川狭窄，出胸襟狭隘自人；四山端正，水清净，出光明正大之人；……；山高水长，则福泽必久……”；“穷山秃水出于民”。古人认为人生活的环境对人的生活、心情、寿命都有很大的影响。

## 第一节 古代风水理论对现代建筑规划选址的启示

### 一、古代风水理论的基本思想

众多考古资料证明，重视人的居住环境是风水理论的重点内容。“环境选择”的倾向，主要表现有：

(1) 靠近水源，便丁生活用水，农业用水。

(2) 位于河流交汇处，交通便利。

(3) 处于河流阶地上，有肥沃的耕作土壤，而且能避免洪水侵袭。

(4) 在山坡时一般处向阳坡或河流以北。如洛阳、咸阳、贵阳。

(5) 功能分区。如半坡遗址中，墓地被安排在居民区之外，居民区与葬区有意识分离，后来成为所谓的“北穴”、“南巢”、“依山造屋，傍水仿村”、阴宅、阳宅。

（6）择高而建

低凹建房缺点：（图 3.1）。

①易受洪灾 ②不易防御 ③不通风 ④易污染 ⑤易高温

**图 3.1 低凹建房图**

## 二、古代风水学对现代城市规划的启示

风水追求自然的情怀，提倡“人之居处，宜以大地山河为主”，要求建筑物要与周围的自然环境融为一体，主张整个环境在形式和功能上要有机结合。总之，风水的目标是面向自然的，也是面向整体有机的。

风水的最终目标是追求理想的生活环境，由于中国古人把居住之宅看作“人之根本”，因此，风水思想的最有利的表现舞台是建筑学领域。由于风水环境观的实用价值和哲学意义，因而再度唤起了近代建筑设计、城市规划和环境规划等相关领域对它的推崇和依赖。意大利有机建筑党派的理论权威——赛维在《现代建筑语言》一书中就曾不无感慨地说：“当我们对工业社会未来的幻想破灭之后，我们越来越多地把注意力转向了史前社会。因为我们已醒悟到困扰我们星球的生态灾难的严重程度，已觉察出庞大的社会性，使人与人和人与周围的环境越来越疏远”。

1950年所提出的“有机建筑”思想，主张建筑的整体与细部，形式与功能的有机结合。这种思想正好与风水所强调的整体有机思想合拍。之后，赖特在沙利文思想的基础上，对有机建筑的理论和实践作了进一步的推广和发挥。1953年，赖特对“有机建筑”作了如下解释：“有机建筑是一种由内而外的建筑，它的目标是‘整体性’，有机表示的是内在的——哲学意义上的整体性”。他在设计一所住宅时，就努力使住宅具有一种协调的感觉，一种结合的感觉，使它成为环境的一部分。赖特所设计的“有机建筑”的代表作，是他于1963年在匹茨堡市郊设计的“流水别墅”（图3.2），这是他将建筑与周围自然风景有机结合的成功典范。风水思想受到了西方景观建筑学、生态建筑学和生态规划学等领域学者的极大肯定和热情赞许，并纷纷吸收有关思想内容。1984年，美国托德夫妇出版了《生态学设计基础》，其中专门谈到“风水世界观”，认为“风水世界观”是与天地宇宙相关的，其间还包含着深奥的精神感应。它与大自然相和谐，以求居住者及其子孙能在

图3.2 流水别墅

聚居地获得平安的生活。风水要求房屋建筑、园林及墓地要与地形、风和水的运作相联系。认为风水有着“鲜明的生态实用性”，生态设计学很欣赏中国风水关于人与自然相统一、相和谐的态度，并能深刻领悟其中的奥秘。所以，生态学设计思想和方法的形成，在很大程度上受益于风水的整体有机自然观。

古代风水学从它诞生之日起，就与城市规划结下了难解之缘，风水学以其浓郁的文化内涵，在历史的长河中沉积而渗透到城市规划之中。

吴良镛先生在谈到“山水城市”的建设时就指出，“中国传统城市把山水构图的要素，山水与城市浑然而一体，显然与重视山水构图和城市选址布局的‘风水学说’等理论有关”（图 3.3）。

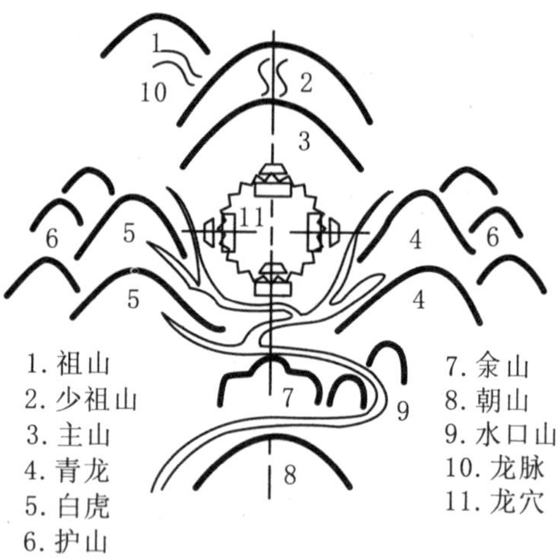


图 3.3　最佳城市选址

## 第二节 建筑风水学选址原则

### 一、整体系统原则

《黄帝宅经》主张“以形势为身体，以泉水为血脉，以土地为皮肤，以草木为毛发，以舍屋为衣服，以门户为冠带，若得如斯，是事严雅，乃为上吉”。整体原则是风水学的总原则，其他原则都从属于整体原则，以整体原则处理人与环境的关系，“天人合一”的生态要求是现代风水学的基本特点。

### 二、因地制宜原则

因地制宜，即根据环境的客观性，采取适宜于自然的生活方式。《周易大壮卦》提出“适形而止”。

中国是个务实的国家，因地制宜是务实思想的体现。根据实际情况，采取切实有效的方法，使人与建筑适宜于自然，回归自然，返璞归真，天人合一，这正是风水学的真谛所在。

### 三、依山傍水（依青山，傍绿水）原则

依山傍水是风水最基本的原则之一，山体是大地的骨架，水域是万物生机之源泉，没有水，人就不能生存。考古发现的原始部落几乎都在河边台地，这与当时的狩猎、捕捞、采摘、交通、果实、饮水、排水、私密性相适应。

依山的形势有两类，一类是“土包屋”，即三面群山环绕，奥中有旷，南面敞开，房屋隐于万树丛中。

依山的另一种形式是“屋包山”，即成片的房屋覆盖着山坡，从山脚起到山腰。长江中上游沿岸的码头小镇都是这样，背枕山坡，拾级而上，气宇轩昂。如果建筑物背靠大山或三面环山，山上林木葱郁，有利于消雷，那样凸起的山峰有利于吸引雷击，以保证建筑物的安全。依山傍水也是古人对美的追求，现代科学研

究表明，良好的环境可使脑效率提高15％～35％。

明代的江南地区，山清水秀，水土丰富润泽，出现了“东南财赋地，江浙人文薮”的繁荣景象，明代的200多名状元、榜眼、探花三鼎甲，江南占50％以上，验证了“物华天宝，人杰地灵”这句话。

## 四、观形察势原则

清代的《阳宅十书》指出：“人之居处宜大地山河为主，其来脉气势最大，关系人祸福最为切要”。风水学重视山形地势，把小环境放入大环境中考察。

朱子曰：“两山之中必有一水，两水之中必有一山。水分左右脉由中行”。城市大小不同，脉络形势有异，“若都省府州县邑，必有旺龙运脉，铺第广布。龙气大则结都省郡，气小则结县邑市村”。

另外，后有靠山，左右有砂山护卫，前有曲水环抱，且有朝案山相拱卫，形成左青龙，右白虎，前朱雀，后玄武的格调更为理想（图3.4）。形向要关注水口、明堂。水口指某一地区水流进或水流出的地方，从水进至水出即是水口的范围。水口包容的面积决定了村镇的规模对其建设发生影响；明堂本是古代天子理政、百官朝见的场所，风水术引申为宅前之地，明堂有内外大小之别，不可太宽，宽则旷荡不藏绕，众水朝拱，生气聚为佳。

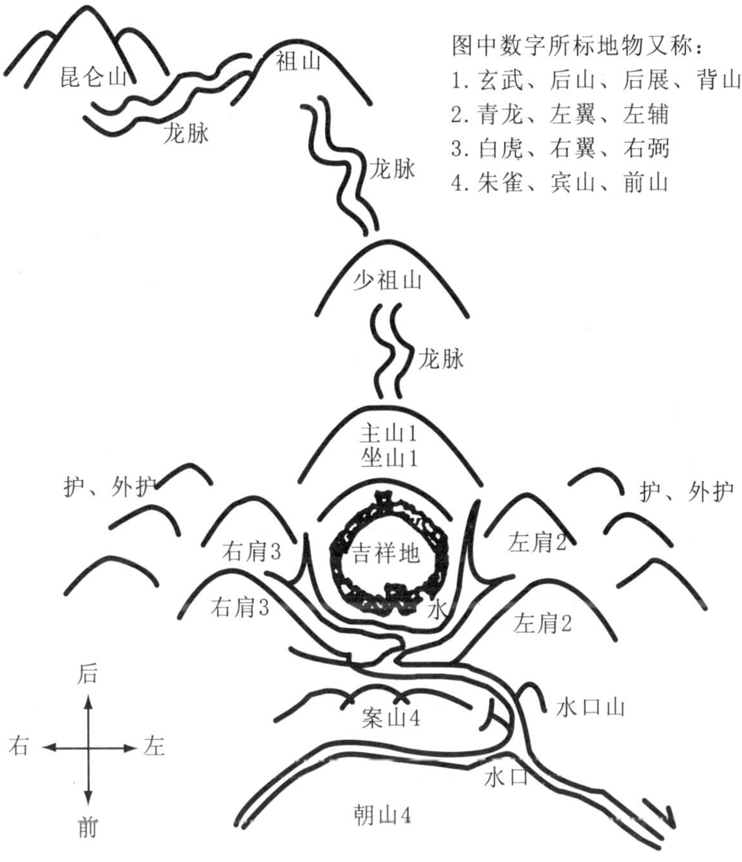


图 3.4　理想风水格局

## 五、地质检验原则

风水学思想对地质很讲究，甚至是挑剔的，现代科学也证明这是科学的。地质对人的影响至少有以下四个方面：

（1）土质影响。土壤中含有元素锌、钼、硒、氟等，在光合作用下放射到空气中，直接影响人的健康。

（2）湿度的影响。潮湿或臭烂的地质会导致关节炎、风湿性心脏病、皮肤病等。潮湿腐败之地是细菌的天然培养基地，是产生各种疾病的根源，因此不宜建宅。

（3）地球磁场的影响。地球是一个被磁场包围的星球，人感觉不到它的存在，但它时刻对人发生着作用。

（4）有害波的影响。如果在住宅地面 3 米以下有地下河流，或者有双层交叉的河流，或者有坑洞，或者有复杂的地质结构，都可能放射出长振波或污染辐射线或粒子流，导致人头痛、眩晕、内分泌失调等症状。

以上四种情况，旧时风水师只知其然而不知其所以然，不能用科学道理加以解释，在实践中自觉或不自觉地采取回避措施或使之神秘化。有的风水师在相地时，亲临现场，用手研磨，用嘴尝泥土，甚至挖土井察看深层的土层、水质、俯身贴耳聆听地下水的流向及声音，这些看似装模作样，其实不无道理。

## 六、坐北朝南原则

朝南的房屋便于采集阳光，阳光对人的益处很多：一是可以取暖，冬季时南房比北房的温度高 1～2 摄氏度；二是参与人体维生素 D 的合成，小儿常晒太阳可预防佝偻病；三是阳光中的紫外线具有杀菌作用；四是可以增强人体免疫功能。

## 七、适中均衡原则

适中，就是恰到好处，不偏不倚，不大不小，不高不低，尽可能优化，接近至善至美。适中的风水原则早已在先秦时就产生了，《论语》提倡的中庸，就是过无不及，处事选择最佳方位，以便合乎正道。《吕氏春秋·重已》指出：“室大则多阴，台高则多阳，多阴则蹶，多阳则接，此阴阳不适之患也”。阴阳平衡就是适中。

适中的另一层意思是居中，中国历代的都城为什么不选择在广州、上海、昆明、哈尔滨？因为地点太偏。《太平御览》卷有记载："王者受命创始建国，立都必居中土，所以控天下之和，据阴阳之正，均统四方，以制万国者"。洛阳之所以成为九朝故都，原因在于它位居天下之中。级差地租价就是根据居中的程度而定，银行和商场只有在闹市中心才能获得更大效益。

风水理论主张山脉、水流、朝向都要与穴地协调，房屋的大与小也要协调，房大人少不吉，房小人多不吉，房小门大不吉，房大门小不吉。清人吴才鼎在《阳宅撮最》指出："凡阳宅须地基方正，间架整齐，东盈西缩，定损丁财"。

早在先秦，阳宅规模就注重匀称，庭院、堂厢、寝室井然有序，后来修建的长安城、北京城以工整给人庄严的感觉。民间住宅也有规范，不宜太窄、太宽，不宜后高前低，不宜四角欠缺，不宜宅小窗大，不宜宅大人少，不宜有堂无室，不宜梁大柱小，不宜将卧室对灶屋、茅厕、客厅大门。

## 八、安全原则

风水的空间模式讲究三面有屏障防卫，前方略显开阔，本身就有防御的功能。另外，傍水而居，而江湖本身就是天然防护屏障，中国古代城市的兴起，主要是缘于政治和军事的原因。《周易》中有"设险以守其国"之语，古代兵书也指出"故为城郭者，非妄费于民聚土壤也，诚为守也"。所以古代城市除本身具有城墙之外，在选址时还要选择因险之处。

古人对不宜居住地要予以回避，《三白宝海》提出了10种不宜居住的恶地：

（1）雷霹地；（2）流淌冲成坑坎之地；（3）穷山独峰；（4）畔深陷，案山险恶，临大江无回顾，隔水方案。四八风交吹，四兽不附，坐穴处高，四边低破；（5）明堂窄狭，不容人存立；（6）受死地，堂中浊水江涌，四时湿烂；（7）天囚地，明堂深坑，天井损陷；（8）天隔地，地深一尺有石，案山逼近反高，左右龙虎高于本主；(9) 天都地，土色焦枯，不生草木；(10) 天魔地，掘深一尺即是湿泥，土色黑烂不干。

《余识》中说“五箭”之地不宜作居住用地：一曰风箭，峰巅岭脊，陵首陇背，土囊之口，山口激风，直当风门，激风如激矢之地；二曰水箭，峻溪急流，悬泉泻瀑，冲沙走石，声如雷动之地；三曰土箭，坚刚烁燥，斥卤沙碛，不泽水泉，不生草木之地；四曰石箭，峻壁巉岩，锐峰峭岫，耸齿露骨之地；五曰木箭，长林古木，翳天蔽日，垂萝蔓藤，阴森如墓墟之地。

## 九、人文环境的要求

除了以上的因素以外，人文环境的选择也是非常重要的。因为住家环境不但会影响一个人的生活习性，甚至可以左右一个人一生的成就。“洛阳纸贵”说明了古代洛阳城的人文素质和文化氛围。“孟母三迁”也是典型的例子，孟母最初住在屠宰场旁，孟子便学着杀猪的样子；后来搬到坟场，孟子又学着人们祭祀坟墓；最后到学校边，孟子开始学习读书，最后成为一代宗师，被尊称为“亚圣”。

## 十、体现“藏”、“围”的观点

中式建筑相对中庸，体现“藏”的理念，以山坡、山腰、半山（图 3.5）为理想，而欧洲基督教文化则表现出对控点、制高点的强烈偏好，这种偏好体现在宫苑中以皇宫为起点的放射轴（确切地说是视线走廊）之中，体现在俯瞰全城的教堂塔尖之上，也体现在山巅高垒的城堡上（图 3.6）。体现出张扬、孤傲、坦诚的民族性格。中国的高档住宅至今仍显示“藏”的理念。上海的佘山别墅回避喧嚣、回归自然；淮海中路的法式别墅，幢幢身份不斐，环境幽雅、闹中取静。真正的高档社区都是地域良好，交通方便，但又大多外人不会到达，回避喧闹、安静独处的状态，体现“藏”的特点。中国自古以来在选择居住环境与建筑设计方

图 3.5 香港半山豪宅

图 3.6 欧洲古城堡

面，均采用围护空间的倾向。在这种围护空间的实践上，大至砂漠荒野的万里长城，绵延的城墙横贯北方国土，将中国封闭于世界的“中土”之中，至于都城、宫殿、护城河重重封锁的皇宫内院，更是多重围护空间的体现，即使最小单位的民间住宅，也是以四合院（图 3.7）为基础，四周厅堂围绕着院子而居。这种围护空间的理念在此表露无遗。而西方建筑显现出“条条大道通罗马”的规划要求。俞孔坚教授提出中国人的栖居理念是“盒子中的盒子”，或也可认为是“围墙内的围墙”。中国的高档楼盘除了相对安静、区域优美外，大多围墙高耸，虽然围墙从防盗的角度证明并不起什么作用，可能还便于盗贼隐藏，但是如果没有围墙的楼盘可能销售不掉，大型小区还会出现围墙内套围墙。而欧美的楼盘大多没有围墙，是否是因为欧美治安好，我想更多是习惯和心理要求。

**图 3.7 四合院**

例：某交通局大楼布局（图 3.8）为以政府行政区和一大型小区，都出现了局部个别建筑物偏东 45°或偏西 45°左右的布局，笔者曾询问设计单位为何这样摆布，回答说是追求布局的趣味，显得活泼有变化。岂不知如此违背了建筑的基本要求，如偏东 45°的建筑物里工作生活的人，早上有比正常人早见太阳的感觉，八九点太阳就会在窗户正南，有如中午的感觉，下午三四点就有日落西山的感觉了，正常生物钟全被打乱。而朝西 45°的房间，在中午前看不到太阳，下午五六点还在视野正中。同时，按风水上“冲”的理论，朝向不正的建筑会受到其他所有朝向正的建筑物的角冲，视为“异类”、“不正”。更有民间说法，此类建筑作为办公，当官要出事，住家不和、减寿。

图 3.8　某交通局大楼

## 第三节　风水模式对水的要求及选择

水是什么？水是生命之源，由蛋白质合成的最初的生命体，就诞生在水里。95％生物是由水组成的。水是生命的本质，人既依赖水，又害怕水，“水火无情”就是最好的印证。

古人对“水”近乎痴迷。《孔子家经》中记载，孔子遇水必观，确实赋予水许多深刻意涵。孔子认为，水像高尚的品德，它生生不息地孕育一切生物，水像义理，它循着理路，一定是向低处流淌，水像经脉千支、万支入江海，并且生生不息。水又具备勇气和激情，不管遇到什么都会前进，冲刷它，直至冲跨它、渗透它。水又善导教化，只要经过水的洗涤，必然干净、纯洁。老子也很推崇水，他说“天下莫柔弱于水，而攻坚强着莫之能胜。”水是柔弱的，也是最刚强的。又说“上善若水，水善利万物而不争。”水真的是好的事物，它滋润万物却不与之争奇，它生生不息，如遇障碍，它可水滴石穿。庄子也说“君子之交淡若水”，水对古人有莫大的启发，同时古人也非常热爱水。

风水上有“得水为上，藏风次之”的说法，对水提出了很高的风水要求。

1. 自古以来水作为生命之源

（1）水提供给人饮用；

（2）水流又便于货物运输；

（3）便于农用灌溉；

（4）便于农作物的生长；

（5）便于住处的交流；

（6）利于生态气候的调节，保持空气湿度；

（7）利于对美的要求；

（8）便于食用水中食物，如鱼类；

（9）有水的地方也是动物较多之处。

水表示生命的源泉，五行之始。

水分地表水水系和地下水水系。

2. 水文在风水学说中包括3个方面

（1）地表水系

地表水系与龙脉息息相关，风水先生看地时，常常是未看山先看水。在《地理大全》中，即依握山脉来论述中国的地表水系，而且从水系源头讲起。风水家认为，”有山无水休寻地，寻龙点穴须仔细，先须观水势。”（《地理简明》卷十六）在地表水系中，风水师还提到潮水、沼泽水（古称沮洳水）、湖水、沟洫、池塘、瀑布、臭秽水、泥浆水等。在风水师看来，有潮水、天池水、湖水、沟洫、池塘的地方都是好地；而有沼泽、臭秽水、泥浆水的地方不吉利。从水质条件看，上述三种水对人体健康不利。

（2）地下水

在风水师看来，地下水也有好坏吉凶的区别。比如好的地下水是嘉泉，“阴穴近之，乃龙气之旺，大富贵地方有此应。”（《人子须知》）而不好的地下水则有冷浆水（又名泥水泉），“阴穴近此最凶。”汤泉即温泉，“凡是汤泉莫寻地。”矿泉（又叫红泉），“龙气钟于矿，他时矿利发泄，必致掘凿伤毁。”铜泉（又名胆泉），“龙脉旺气皆钟于泉，不能结地，必求穴。”诵泉，“泉自地中涌出起泡喷沸，或石岩涌出，乍起乍没如潮水起白泡者，不可求穴。”濺泉，“出窍如射，冷冽殊常，乃阴极肃杀之气，不可求穴。”没泉，“水从下漏者也。下有虚窍潜通他所，水溜其下，如没池中，不见其去。此乃虚陷之地，气不融结，不必求穴。”黄泉，“水落黄泉，春雨乍起则其水骤涨而起，雨才止，而水即浸入地中，四时十竭，乃浮沙之地，龙气虚耗，不结阴地。”漏泉，“点滴渗漏，乃龙气之弱者，不可求穴。”冷泉，“清流冷冽，乃受极阴之气，决不能融结造化也。”龙湫泉，“为鬼魅之都，不可求穴。”风水师对上述诸泉水文动态的论述很有道理，是中国古代水文知识的体现。

（3）水质

风水师通过辨别水质来确定某个地方的好坏吉凶，认为：“水味以甘甜为上，辛咸次之，酸苦最下。水本无味，因土而变味。气以变土，土以变味。地有气而后水有味，故盐池皆龙气所钟。其余州郡之大者，城内必多咸水。乡村有咸水者必多富贵，此亦可以卜地气矣。"(《地理或问叙》)有的认为:水色碧,水味甘,水气香,主上贵;水色白,水味清,水气温,主中贵;水色淡,水味辛,水气烈,主下贵。若水酸涩,发馊,不足论(《博山篇》)。为了辨别水味,风水师还规定了一种尝水味的方法,说:"夜半子时,先以别水净口。初饮香,再饮甜者必有大地;初饮甜,再饮淡,大地恐人葬了。含唇似辣,主出武贵;闭口似苦,岂有贤豪?吐出酸咸及涩,定为神庙;若有腥气在牙,是为铁矿铜山。"(《地理大全》卷二十九)上述说法符合科学道理。由于水中所含矿物质、杂质及化合物不同,会有各种水色和水味。如水中含有大量有机物时,水是甜的;含有矾盐矿物时,水是酸的;含有硫酸镁及硫酸钠时,水是苦的;含有氯化钠时,水是咸的;含有铁盐时,水是涩的;含有高量锰时,水也是涩的;含有蓝藻、绿藻和原生动物时,水是腥的。北京的闹市王府井,最初因在此凿出一口甘水井而得名,可谓显例。至今王府井(图 3.9)仍为北京的繁华商业中心。

图 3.9 王府井

3. 城市的选址对水的要求有几种情况

（1）位于江河相汇处，如武汉、重庆、桂林、成都、扬州；

（2）位于江河的一岸或两岸，如天津、南京、西安、广州；而古代认为水北为阳，水南为阴，故江河南城市取阴，如江阴；江河北城市为阳，如洛阳。

（3）位于海滨，如青岛、大连、秦皇岛、宁波。

不论是两河相汇处，还是河流的一岸或两岸，都是为了利用河流发展交通，或是作为军事防御的天然障碍，或是方便农业灌溉。海港城市是海上交通发展的必然结果。

风水中把水看做是与“气”相伴随的事物，认为“气随水而行，故送脉必需有水”。现代科学证明水最容易吸收微波。同时，水又具有聚气的作用，蜿蜒而至的“龙脉”只要碰上拦截之水，气便聚集下来，形成聚气之区，所以《阳宅撮要》中总结说：“凡京都府县，其基阔大，……宜河水辨之。河水之弯曲乃龙气之聚会也”。说明古代城市基址的选择最讲究河流弯曲处。古代西安有“八水绕长安”（图 3.10）之说造就了古长安的辉煌。“来水有意，去水有情”指来路来水蜿曲而来，并无直冲，直射之形，离开时无舍不得之状。现代城市中的巴士站、的士站正好符合聚“气”的条件，因此巴士站、的士站前的商店一般生意都很兴旺。《博山篇论文》中所说：“洋潮汪江，水格之富。弯环曲折，水格之贵。”蒋平阶《水龙经》云“自然水法君须纪，无非屈曲有情意，来不欲冲去不直，横须绕抱及弯环”。曲则贵吉，曲则有情。

风水学认为弯曲的河流是以河曲之内为吉地，河曲外侧为凶地，《堪舆泄秘》中称“水抱边可寻地，水反边防不可下”。纵观中国古代聚落遗址，发现多数符合这一道理，究其原因，可以现代河流地貌学关于河曲变化规律的理论予以解答（图 3.11）。

凸岸之所以形成凸岸，一般来说，凸岸的土质较为坚硬，含水率低，不易被冲刷。由于河床中水流冲刷方向受河床形状的影响，水动力（冲刷）方向总是指向凹岸，因而，河曲一侧凸岸的

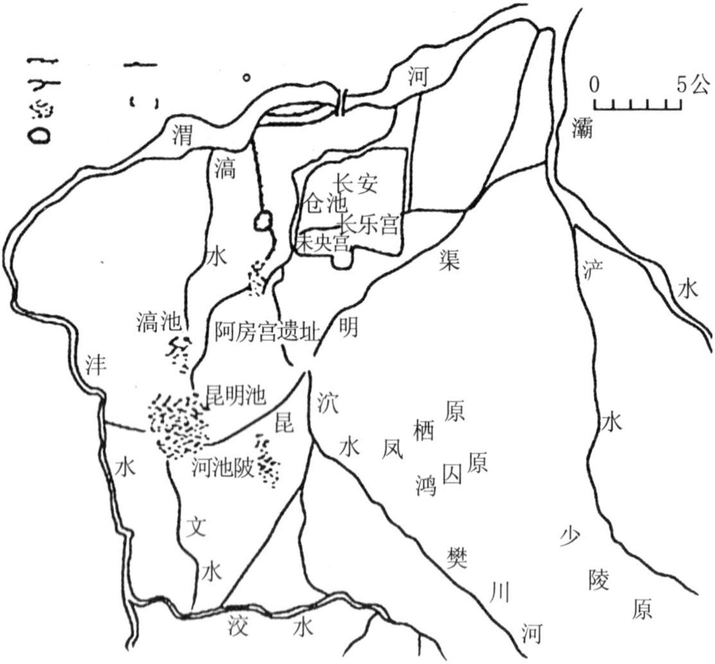


图 3.10 八水绕长安

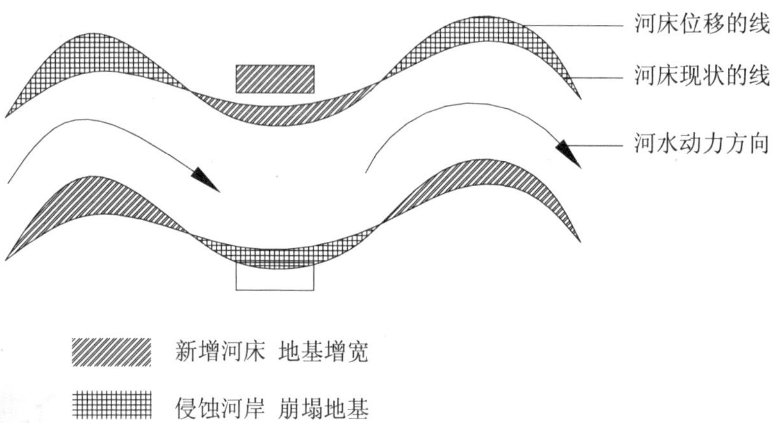


图 3.11 河曲变化规律图

地基总是因沉积而不断增宽，而河曲的外侧（凹岸）地基不断后退。所以，聚落建在河曲内凸岸，地基不断增宽，利于居住。古代城市大多遵循这一原则。

4. 水能吸收能量，调节气候、光线

现代科学已证实水是吸收各种波动能的极性分子。而宇宙间所有的射线（声、噪、音、电磁波、微波、光、辐射）都具有“波粒两重性”。中国风水学理论认为“水飞走则生气散，水融注则内气聚”。“气顺风则散，界水则止”，不难理解，猎犬到了水边就嗅不到空气中的味道了。

水的流量、体量越大，说明容积热越大，吸收的宇宙辐射量越大，聚气越足。“大荡大江收气原，涓流点滴不关风”。由此不难理解昆明的滇池（图 3.12）起到“春城”的气温调节器作用的说法。故大江河旁适建大城市，而江河支流适于建小村镇。一些小区的庭院，单位办公楼的门口或内堂都喜欢设计水池、池塘，如果设计了这些水池、池塘，一定要保持水是活动的、干净的，

图 3.12 滇池

否则恰恰起反作用。因为水又分活水、死水，新建小区内大多为死水，为人工挖掘，这种水要尽快保持它的活动，变成流动的水，千万不能“死水一潭”。

前朱雀，前有空地，池塘可以享受充分的阳光，阳光有增生气、杀菌作用，可以保持空气流通，冬暖夏凉。

建筑南侧的池塘也称“朱雀”，但朱雀位置合理才为吉，如图3.13所示，池塘可起冬暖夏凉的作用，夏天可以降低空气温度，冬天可以使阳光反射，增加室内温度。

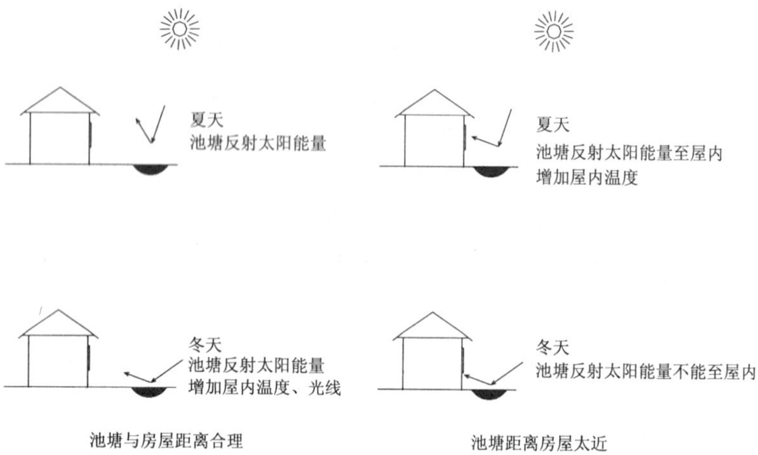


**图 3.13　池塘与房屋位置关系图**

《山洋指迷》指出下面八种水的地方不能居住：

一曰穿，穿胸破堂水；二曰割，割脉割脚水；三曰牵，天心直出牵动土牛水；四曰射，小水直来，形如箭射；五曰反，形如反弓水；六曰直，水来直玄无情；七曰斜，水斜飞而去；八曰冲，大水冲来。

八种地方适宜居住：

一眷，去而回顾；二恋，深聚留恋；三回，回环曲引；四环，绕抱有情；五交，雨水相交；六锁，弯曲紧密；七织，三玄如织；八结，众水会潴。

总之，世界上的富饶繁荣的大都会，多为面临湾凹或大江河傍（图 3.14）。同时也能验证“水主财”的概念。

图 3.14　威尼斯水城

“得水为上，藏风次之”，不难理解平原有水城市的繁荣，而藏风的山川地区经济相对落后。而现代的“水”即高速公路、铁路、机场等，便于信息到达的地方，因此交通便捷的沿海、滨江的繁荣不难解释。同时也不难解释古代阆中城的繁荣和现代阆中城的相对落后。

## 第四节　风水空间模式对传统城市空间布局的影响

风水空间模式影响着传统城市的空间布局，至少可以从以下几个方面得到印证。

1. 城门是城内与城外的通道，其排列影响着城内的道路系统和街区布局

古人认为城门开法至关重要，不可随意乱开，“城门者，关系一方居民，不可不辨，总要以迎山接水为主”。城门的开法，在四正四隅八个方位中，通常东北之门是不开的。《宅经》认为东北方位是不吉利的方位，代表“鬼门”，是凶煞之方，“东北开门，多招怪异”。这种思想显然受到《易经·坤卦》中所谓“西南得朋，东北丧朋”观念的影响。所以，古代城市鲜有在东北方位开门的，这几乎成了一种惯例。休宁县和婺源县城均在七个方位开有城门，惟独不在东北方位开门，原因就在于此。

2. “天人合一”——城市的宇宙象征

所谓的“面南而居”和“向明而治”（孔子语）的习惯。典型的风水模式总是坐北朝南，后有靠山所倚，前有流水环抱，城市布局也采纳了这种体系。

明清北京城是一个典型的“面南而居”的城市，其中轴线基本上是南北向的，所有建筑物和街道都沿中轴线而规划，城市空间极为规整。为了体现风水中北面必须有“镇山”即靠山的思想，规划者在中轴线北端人工堆造了一座镇山——景山（图 3.15），

图 3.15　景山

使北京城北面有山可依，这在城市空间布局上也起到重要的稳定作用和空间构景作用。其思想内核是合理的，对中国传统建筑和城市规划是有过积极贡献的。只要我们采取去粗取精、去伪存真的态度研究风水，就一定能为探索中国特色的现代建筑和城市规划理论与方法提供有益的借鉴。

文武庙、文昌阁、奎楼的建筑，一般遵从文东武西的格局，因而昌阁，奎楼也都应在甲、巽、丙、丁四个方位建。因为水一般从西往东流，水口一般在东南向或南向。

中国东南地区多忌讳东北鬼门的煞气，故东北方向的城墙多整齐、完整，以抵挡此处煞气，不宜建塔。

扬州近郊的文峰塔（图 3.16）位于大运河旁，而运河刚好在塔的附近转了三道弯，船在航行时若离若近，一会对准塔，一会儿又背离塔，极富文化内涵。

图 3.16　扬州文峰塔

昆明的大观楼（图 3.17）、湖南岳阳楼（图 3.18）、武汉黄鹤楼（图 3.19）、南昌滕王阁（图 3.20）的建筑位置都遵循了风水原则。

图 3.17　昆明的大观楼

图 3.18　湖南岳阳楼

图 3.19　武汉黄鹤楼

图 3.20　南昌滕王阁

风水亭、塔（图 3.21）是对领地的声明，是捍域行为的物化。从这个意义上，它与非洲草原上雄师用以表示领地的尿粪和干柴堆，印度丛林中孟加拉虎在树杆上的爪痕无异。它使领地拥有者感到亲切而给外来者以威慑与警告。同时，由于古代洪灾不断，塔有“宝塔镇河妖”的说法。

图 3.21　伦敦塔

## 第五节　建筑规划选址与风水理论的习俗说法

《易经》上说："至哉坤元，万物资生"，又说"坤厚载物"，这"坤"指的便是我们所居住的土地，意思是说：我们所见到的万物都是生存活动于土地之上，也依赖着这块土地滋润培养，万物才能生存长大，才有生生不息的生命绵延，因为如此，我们无时无刻不在受着土地的影响。我们随时可以发现，土地的环境不同，动植物的种类也不同，就是同样种类的动植物，也会因地方不同而发生差异。

古人认为："阳宅须教择地形，背山面水称人心，山有来龙昂秀发，水须围抱作环形"。又说："明堂宽大斯为福，水口收藏积万金，关煞二方无障碍，光明正大旺门庭"。一般而言，除阴宅埋墓选择的地形要藏风聚气，讲究结穴窝藏紧密，而人住的阳基，要选择宽广平坦的地方。越是宽广，居住的条件越好，聚居的人口便越多。如果在山边建筑房舍，须选看山脉来龙昂秀，基址宽广平坦处为佳，有河流者、要水能环抱有情，所谓"山秀水深堂局大"则家道生旺，财源广进出显名。

而在都市，不论是平原、盆地，因是人口聚集之地，房舍基址不像山边、乡村独家孤院选择地形那样重要，所以都市住宅主要看宅向、街道流水及内部九宫的安排（所谓内六事，厨、厕、房、门等）而断其吉凶。

在堪舆学上，对于外在环境会影响、感应住宅的事实，亦非常重视。因此有所谓外六事，指的是路巷、树木、池井、牲畜栏、社坛庙宇、桥梁、河川等对住宅的影响，及所产生的吉凶祸福。现在由于时代改变，建筑形式与古时候已大为不同，有许多因素已不考虑。例如都市里池井、牲畜栏等已不复见，当然不必理论，不过如路巷、沟渠、河川等仍然极为重要。

1. 靠山

中国人认为：好的风水地一定是山环水抱的地方，所谓“山环水抱必有气，必有大发者”，只有如此才能形成大邑，聚成人文荟萃之所。所以在购买房屋时，希望房屋要能背山面水，后面有山可靠，人丁才会旺。

现代城市建筑鳞次栉比，港台的风水师认为：选择办公室时，也要注意屋后是否有较高的建筑物，可以充作靠山，可以发挥公司的稳定作用。从心理学角度，当背后有坚实的房屋或墙体时，人会有安全感、稳定感。

2. 路桥

在风水学上说：“山管人丁，水管财”、“山主贵，水主富”，也就是水与钱财最有关系，水的性质流动，就像钱财一样，不断地流动，只要有能力、有福气、经营得法，每个人都能有收获。正是因为这样，谁都希望创造财富，世界才会这么热闹繁华。而现代风水师把平原上的高楼作山，道路作水，网络等通信作为虚水。

在风水学上主张：河川、马路如果是“直来直往会损人才”，“屈曲才有情意”，也就是说弯曲的河道，水流缓慢，能聚旺气，留住钱财，才有情意，否则直来直往，钱财流散，当然无情无意了。其实屈曲是宇宙事物的规律，也是一种美的形象，弯曲错落，同时也有化解强风，分散气流的作用，使强风变和风，有其实际的功能。就像建造马路，必须有弯曲弧度，才比较美观，也比较安全，因为太直的马路（尤其高速路）驾车容易出危险。在日本东京市中心银座改造方案（图 3.22）中，将平直的路故意做成弯曲路面，既

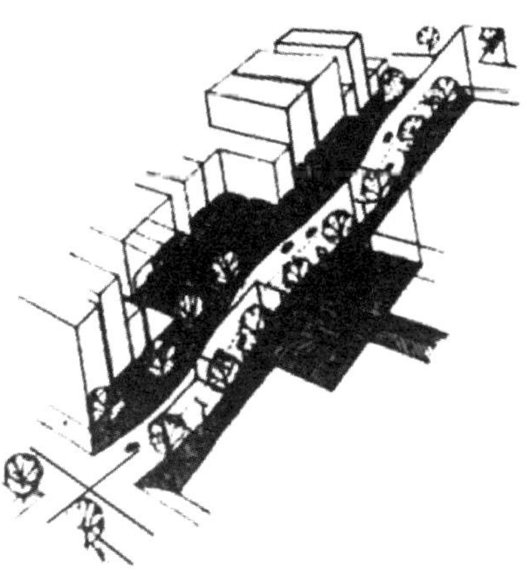

图 3.22　日本东京银座

有利于自然限车速，又调解了单调的空间环境。

都市街道因为交叉路过多，为了让车辆行驶能够顺畅，往往会利用圆环来疏导流量，圆环四周便成为人车聚集的中心。表面看起来人潮车潮非常热闹，应该是商机无限好，但是事实上，在圆环四周的商场店面，并不是个个都能财通四海，反而常见到店面开开关关或屡屡更换老板的现象。这是因为面临圆环的房屋，通常大部分都是面临圆形所形成的反弓形状的道路。在阳宅风水学来看，反弓道路是住家、办公司或商场皆不好之地，因为反弓路的房屋外面的车辆都有冲向房屋的感觉，会使人有不安定，不安全的感觉。同时，风水上视路为水，反弓水在古代风水理论上为很差的格局。

所以在圆环边的房屋，最好在建筑规划设计时，便将风水因素考虑进去。同时将反弓马路的负面影响减到最低，可以利用小水池、种植树木或作围墙等设施来调整环境。

圆形建筑作为商业用时，较适宜用作人潮流动性质的行业，诸如百货公司、旅馆、饭店等行业。验证了建筑上方主静圆主动的说法。

也有的因为马路为单行道，车道向外弯行驶，其中一边不便停车，因此开店时，要考虑人流是否方便进入店面。

现代都市，因为人多车多，原有的道路空间往往不敷使用，为行人建造高架桥、地下道，为车辆建高架路等，不但对都市景观有影响，对在两旁的房屋也会产生风水效应。例如高架桥通常横跨马路两边，让行人从桥上通过，方便行车通畅。这种桥往往会影响到两边商家或住宅，造成风水上所谓的“桥冲”（图3.23），无论对住家或商店皆不利。经常可以见到桥上虽然人来人往，但是商家生意仍做不起来，因为天桥或桥梁的桥头两边以及地下通道出口处，通常都是交通的瓶颈处，场面混乱，人流量大，空气污浊，人上桥的心理暗示是通过而不是停留，再说桥口人也不便停留，没有安全感。

图 3.23　桥冲

通常高架两边房子比高架路低的部分，无论是住家或作商业用途皆不理想。房屋刚好与高架路同高的楼层，受阻碍最厉害，但是如果高于其路面的楼层，把它当作一般马路看待便可，其吉凶以马路为流水的风水原则论断。楼层距离愈高影响愈小。因此，高架两侧的房屋除了受噪音影响外，还会受到高速行驶的汽车形成的不稳定磁场的干扰。

好的路桥，便于人潮，人潮也即钱潮，对商家而言“人气”即会带来“财气”。现在好多城市改造把原来商业气氛很旺的道路扩宽，扩宽后变得人气减少，车辆横行，不利人散步、购物，把“和气”变成了“急气”。

3. 用地

风水理论认为：不论作为住宅或商业用地，其建筑基址地形都要宽广平正，四方圆满才是吉地，至少应是规则的四方形，不宜零碎、歪斜、三角形或前宽后窄等地形。因为地形方正气势平衡，建房无论外形或内部格局的安排都比较能达到理想。

歪斜或三角形的地形，缺乏平衡性，容易形成偏枯现象。作为商用场所，经营起来，倍感吃力，因此现代城市都将三角地、不规则用地作为城市绿化或街头景点。

选择建造房屋住宅，即使基地狭小，房屋也不可以建满，必须要留出空地，就像都市建筑，政府规定要留出空地，作为防火巷等。实际上是阴阳原则中有实有虚，有阳有阴的平衡原则，以及透气、藏气的要求。

在都市建筑物里，常常见到在高楼大厦间，会夹着一栋矮小房子，或小块畸零地。不管是何种原因造成了无法整体合建的结果，这种夹在大厦中间的矮小房子，受到左右高楼的压迫，不论对住家或商用都产生了不利的影响。因为这类房屋本身就是附房或违章建筑，朝向、阳光、房屋质量、停车都有问题。

由于人口增加，都市区域不断扩大，从前曾经是坟场、刑场、监狱等地方，经整地改变后，会建筑房舍成为住宅或办公大楼。这种地方，在建筑整地时，一定要作适当处理。民间有一些说法，诸如：原来埋葬的尸骨一定要清除干净，最好连同泥土都要重新更换，这样，这个地方才能利用。否则因为阴气、秽气造成气场混乱，旺气不聚，搬进去后，不但会阻碍事业发展，也会伤身败财。因为如果没有清除干净，遗留下来的毒素便可能会伤害居住者的健康。古人都是因病过世，尸体中的病菌、病毒在地下不一定死去，开挖后会沉渣泛起，对施工人员及后来居住者皆不吉。另外死人身上的钙、磷等元素对活人不利。

4. 外形

对于办公大楼的外形，仍以方正堂皇大方为宜，不宜建奇形怪状的房子。怪类的环境容易对人产生负面的影响，即所谓“人建筑房屋，房屋塑造了人的个性”。在韩国和澳洲都曾经有国际闻名企业搬到怪类办公大楼后，就此倒闭收摊的例子。因为这类房屋不能顺应周围形势，使用功能差，影响人的视觉和心理健康，因为色彩张扬怪异能给人视觉冲击力，如长时间面对就会影响身体健康。

当然，因为特殊行业而做成特殊造型的例外，例如玩具卖场为吸引儿童而建造成梦幻怪类世界等是另当别论。

5. 环境

风水理论上认为：一般办公室或店面，最好能避免面对教堂、寺庙、医院或法院等。教堂、寺庙等属于宗教活动场所，人多杂乱，以经营与宗教有关行业为宜；而医院以经营药品、仪器等与医疗健康相关产品较适合。

法院则以代书、律师事务所等较理想。古人认为面对衙门不祥，现在为民主时代，虽然与专制时代已大为不同，不过面对政府机关，仍然有其缺点，最好能避免。有“衙门前庙后”不好的说法，由于古代衙前因打官司，告状的怨男怨女多；而善男善女在庙前不在庙后，庙宇在风水上属阴地，而背后则更盛，处于阴气很盛的环境下对人不利。

祭祀性建筑用地，易理属性具有阴性场气。在用地选择中，应避免在居民日夜所及的居住区地段，应选择在选离居住区的独立地段。调查统计证明，居住在寺庙近旁的居民，得病者居多。这是心理上和环境污染（空气、噪声、视觉等）的原因，更主要的是风水学上的原因。祭祀性建筑选址，应优先考虑山清水秀的地方，或选在与城市居住区有防护隔离带的地段。这种隔离带，有林木绿地，或有较宽的河湖水面。同时亦要在交通上能确保通畅易达的道路为佳。对于“望城碑”、“望宅墓”应适当迁移。加油站是火灾隐患和车辆往来噪音很大的地方，使居住者烦躁不安。

寺庙的选址，在传统民谚中，有“庙后贫，庙前富，大庙左右出寡妇”及“宁住庙前，不住庙后”的说法。这是千百年民间体验得出的谚语。虽尚未得到专题研究和科学的证明，但作为一种民间谚语，也是应当重视和研究的。寺庙属于祭祀性建筑，多静，少尘俗之闹，人们聚集又带有各种沉默的心理场态，殿堂多气，属阴性。大庙宜在远离世俗的山林之中，而不适于在居民区中选址。在既已形成的居住区中的寺庙，应适当迁移，或划出隔离防护绿带，加以双向保护（保护居住区，保护寺庙的特殊环境）。

6. 视矩三角形

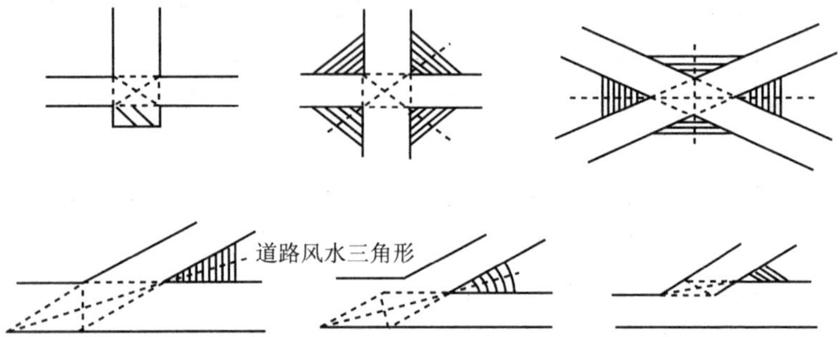


图 3.24 道路交叉口“风水防护三角形”图

城市居住区道路，其交叉口一般规划有交通“视矩三角形”反映在道路红线上，加以限定（图 3.24）。实际上城市交通红、绿灯的保障已失去意义，又加上许多建筑向着交叉口设门前广告，车辆等诸多物体阻碍“视矩”，从而失去了“视矩三角形”的原意，而应明确为“防护三角形”。不宜把建筑物大门开设在防护三角形内，因为此处车辆不宜停泊，人进出不太方便。

7. 兜”、“收”

如果住宅的名堂，四周都有山或建筑物聚密包围，便称为物有所“兜”而有所“收”拾。有“兜收”则人丁及钱财聚。古人认为如果名堂有缺口，直望远洋或看不到尽头，则格局有泄气之象，则会损人丁或钱财散。

倘若建筑物地处于两个山脉之间的山谷，从风水角度来看，因为两个山脉各有其气，而山谷正是两气交集之处，气不纯则神速薄，故为不吉。用科学观点的解释，居于山谷之间，地基遭山洪破坏的机率较其他地方为高，危险性也较大。同时存在风煞的问题。

此外，山谷往往有山水长流，风水上水为财，水长流则该处的财也流走，财运不济。同样道理，住宅若面对两座建筑物之间的隙缝或山谷，谷口之气长流，不符合风水上很重要的观点：气要聚而不被风所吹散。如遭气直吹，称为“冲射”会有不吉的应验。

上述是基本标准格局及有关的两问题，所说的是以山势山形为主，现代人多居于城市中，市内高楼大厦林立，没山形可看，但可转看人造建筑物。至于地势的高低，虽因移山填海而有所改变，但往往是有迹可寻，例如移山后的平地，多较四邻平均高一二尺。读者若能心领神会，便可融会贯通。

## 第六节　城市选址

中国的古城选址要遵循风水原则

1. 咸阳城

秦灭六国后，拆除各国城墙，迁徙各国十二万富户集中入咸阳，同时广征民工北筑长城，秦集全国财力，兴建咸阳都城。咸阳位于骊山之南，渭水之北，在风水学上属于阳性地域，故名咸阳。

2. 洛阳城

周本是边陲小国，周灭商后，感到“天卜之中”的洛邑的重要，居中，利于控制天下。周成王五年，周公先遣太保召公到洛邑堪舆建城，随后，周公亲来卜洛，历史著名的“周公卜洛”即源出于此。

《周礼·地宫·司徒》中叙述洛阳选址的原因为：是以土圭回影法找到不偏于东南西北的中央地方。在南方日影短而气候炎热；在北方日影长而气候寒冷；在东方得日较早，西方得日较迟，所以选择夏至那天正午时八尺高的表杆影子长达一尺五寸的地方，即天下的中央。

洛阳的布局是典型的风水例证，它北依邙山，为“镇山”或

“玄武”，“前响嵩高”为案山，“左成皋，右祖绳也”为青龙、白虎，前有伊水、洛水为朱雀。

刘秀打败篡位的王莽，中兴汉室，面对战火破毁的长安城和北方匈奴南侵的威胁，而改都洛阳，建立东汉。洛阳以地处洛水之北而得名。

3. 唐长安城

秦末楚汉战争，五年争夺，刘邦获胜，建立汉朝。刘汉初选都洛阳，后采纳娄敬、张良之策，改选长安为都。而长安地处国土之中，符合“择天下之中建宫”的“择中”原则。城设十二门，四个方向各开三个门，符合“旁三门”的周制。长安自西周以来，八百年间历为诸朝政治中心，隋名大兴城。城东西长 9721 米，南北 8651 米，周围 36 公里，城内面积 8300 公顷。唐代在大兴城基础上扩建为长安城，成为当时世界上最大的城市。长安城北临渭水，南对终南山和子午谷，东为产水及灞水，西为平原，东北部较高，为龙首塬。史载，在规划建设大兴城时，完全依照《易经》八卦思想进行的。

4. 南宋的临安城（杭州）

杭州，在秦、汉时代已设县治。筑有石城，城周三十六里九十步，城门十二个，另有水门五个。金灭北宋，南宋移此建都，在原有基础上建设，只增一东北角门，名艮山门。“艮”为八卦之东北，对应“少男”，意为利于皇太子。

5. 成都

成都，位于川西盆地中心，背靠昆仑山系的九项山、邛莱山，面向嘉陵江、涪江、岷江，背山面向盆地平原水系，风水外局优异，多次成为历代封建小王朝的都城。东汉时的公孙述，蜀汉时的刘备，前蜀的王建，后蜀的孟知祥等，均先后在此立都。唐代安史之乱，玄宗曾到此避乱，而把成都定为“南京”。

6. 明代的南京城

号称“十代帝王都，六朝金粉地”的南京（图 3.25），从三国孙权开始，历经东晋、南宋、齐、梁、陈、南唐、明初、太平天国、中华民国，都在此为都。

南京在地理上三面环山，一面临水。其东部是宁镇山脉的最高峰钟山（紫金山）。钟山余脉西延为富贵山、覆舟山、鸡笼山、鼓楼冈、五台山、石头山。一路跌宕起伏，直楔入城，径抵江边。最高的紫金山海拔 448 米，突兀矗立，至今设有国家天文台。紫金山如巨龙伏于东南，石头山（今名清凉山）临江峭起，如虎踞江滨，诸葛亮初到东吴时惊见此势，谓“真乃龙盘虎踞”!

南京地接三楚，势控三江，进可攻，退可守，形胜江南，利于城防战略。但对于京都，风水家认为南京王气不足。

究其风水原因，传说与记载有二说：首先楚威王曾在此埋葬金铸人体以镇王气，后称“金陵”，即受镇说。其次秦始皇曾在此断地脉，以破王气，即受损说。

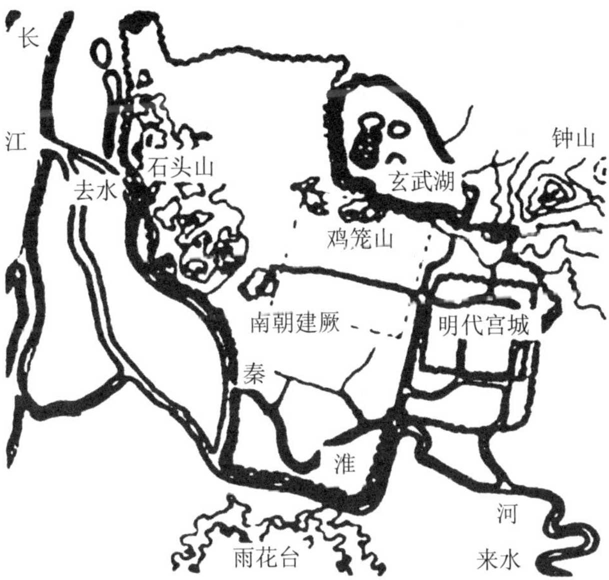


图 3.25　南京古都的地形分布

秦灭六国，随身方士风水家常生、仙导二人到南京即沉默不语，始皇细问之，才说："到南京金陵四周山势不俗，地势险要，五百年后会有天子气"。问破气之法，而定凿断方山地脉。方山，地处南京东南巽位，山顶平坦，状如官印，又称天印山，是风水吉祥命运山，破断方山地脉，又引淮河污水流贯金陵（入城必污），直入长江，因此得名秦淮河。

又有风水师讲南京陵墓太多，明孝陵、中山陵、南京大屠杀纪念馆，阴气太盛；另外，南京主城区处江南，也称江阴面，城市内绿化茂盛（绿化为阴，建筑为阳），总之说来，阴气太盛，对于这种说法，我们不做评论。

7. 明清的北京城

北京西部的西山为太行山脉，北部的军都山为燕山山脉，均属昆仑山系。两山脉在北京的南口会合（南口是兵家要地）形成向东南巽方展开的半圆形大山湾，山湾环抱着北京平原，地势西北东南微倾，河流又有桑乾河、洋河等在此汇合成永定河，符合"山环水抱必有气"的风水格局。

八卦学说之运用在建筑设计上的，在城市规划上最佳实例为北京城，此外还有八卦殿、八卦堡等。今天的北京城是明永乐四年（公元 1406 年）所建的城（今内城）的基础上发展而成的。嘉靖三十二年（公元 1553 年）开始拓建外城，至四十二年（公元 1562 年）完成。按八卦图所示上南下北，展开北京城全图倒过来看，外城在上，内城在下，依照洛书"九宫图"对照，上南为九、为乾、为天、为阳，下北为一、为坤、为地、为阴，这样形成了乾天包坤地象。古代有"天圆地方"说，故外城南城墙略为向内（即向下）呈缓弧形，以符合易学中的南为天、天圆之说。东与南交角凸出一段，按先天八卦东南系："兑"位，为泽，故凸而补之，而北与西的交角处又凹入一段，西北系"艮"位，为山，故令陷而取其平（杭州城的东北门称艮山门，其所以取东北隅为"艮"，这是依后天八卦而称，与此不同）。外城在南，南属阳，故开辟了七个城门（七为奇数，属阳）；内城原为“地”位，为坤，属阴，但都城系人所居，纯属阳宅，故转阴为阳而开辟了九个城门（九为奇数，属阳）。内城南设三门为奇，为阳；北设二门为偶，为阴。这些都是为了符合阴阳八卦之说而加以精心设计的。

从环境的角度看，北京地处华北大平原的北端，西北和东北三面群山拱卫，成为天然屏障，在军事上对守城有利。境内有永定河、潮白河、玉泉河、沙河等河流，还有众多的小湖泊，这为农业、交通、优美的环境提供了基本的自然条件。南面是大平原，土地肥沃，农业发达，特产丰富，保证了北京市的物资供给。北京的气候属暖温带半湿润季风大陆性气候，平均年降水量约 626 毫米，雨量适中，气候宜人。森林植被覆盖率高，云气郁积，鸟兽遍野，生态平衡环境优越。所以从古到今，有八朝定都，这不是偶然的。反映了古今人们对北京地区环境优势的共识。

8. 首尔的风水选择

由于古代朝鲜、韩国受汉文化影响很深，在高丽时代的城市选址大多是按风水原则选定的。高丽时代定都松岳，即现在的开城。李成桂推翻高丽政府后，创建李朝，这时僧人建议迁都汉阳（即汉城、首尔），认为汉阳地理符合风水原则，李成桂（李太祖）采纳了僧人的建议，迁都汉阳。

首尔，位于中部汉江的北岸（因为北为阳，南为阴，因此简称汉阳），周围环山，中央平原，汉江绕首尔的东边和南隅，向西流入黄海，这符合风水理论中的山环水抱的原则，并用周围的山脉比作朱雀、玄武、青龙、白虎四神。

同时，根据五行原则，周围的山脉又可分为金山、木山、水山、火山、土山。首尔北边的北岳山形态宛如一个正三角，属木山，又似文笔峰，古人认为有文笔峰的地方，人文汇萃，是一处文化中心。庆北宫西边是仁壬山，此山为典型的金山，风水师认为应该把王宫设在仁壬山，仁壬山呈圆貌，雄伟有力，充满王气，王宫因此设在了此山下，的确诞生了世宗大王等杰出的国王。

位于首尔南面的冠岳山，形态宛如火花，属火山，被认为是首尔经常发生火灾的原因，因此在光华门设置了一座抑制火气的生物——海獭的石像，用以抵克冠岳山的火气。

9. 天津的风水选择

天津市，人称九河下梢，大小九条河流在这里汇集成一条海河，奔流如海，它是依河而建因河而兴的一个典型城市，海河是其母亲河。元代江南粮米经海路运输至此，供应大都（即北京），明代疏浚、延伸大运河，南粮北运改行运河，清末资本主义由海上入侵，在天津登陆，天津繁华异常，从海运到漕运再到海运，天津之兴离不开一个水字，水正是其发祥之风水要素。因为扼两个水路及陆路交汇之要地，地处京畿门户和关内外交通要道，天津日益兴旺，其中尤以大直沽、小直沽繁华地区最为典型。

天津地处冲积平原，系几千年来海退陆升形成之新生陆地，无北京等古城古地之山，似乎缺乏龙脉，但其水却属上佳，当然这里的水不单纯指水质，而更是指其水系、水利、水运，现在天津水质不佳，要喝滦河水、黄河水，但这多半是近代工业污染的结果，据说过去的水质还是蛮好的，要不怎么会享有盛名的天津特产小站稻？特别是运河引来的南水、南泥及水中出产的鱼虾蟹鳖，在老人的记忆里印象深刻。

天津近年来已经开始重视自己可贵的风水要素——水，大做水文章，投入巨资，以全新的生态和人文结合的理念，在五年间将市区的津河、卫津河、复兴河、月牙河等共计 10 条二级河流全部改造完毕，一条条河流水清岸绿，玉带蜿蜒，风光宜人，空气清新，既改善了生态环境，又提升了城市品位，也使居民们获益匪浅，沿河一带的房地产也价格大涨，大得人心，成效显著。自 2003 年开始又紧锣密鼓地改造母亲河海河，现在已经揭开序幕。这些都是符合科学的明智之举、功德之行，也符合风水规律，水活了，城便也活了。

天津主城区及附近无山，但风水并非不可改变，例如在天津水上公园南面的人工堆土工程，规模颇大。在这个位置上堆的山，从风水上讲，叫文峰山，有利于该地出人才，提升文化层次。

## 第七节　风水的调整

古代风水的调整，隋炀帝时以大运河把古江南和首都连通，便于交通和运输，同时也是破坏风水的做法。战国时期，为镇压金陵的王气，楚成王用埋金的办法镇地，与“金陵”名字的来由有关。秦始皇时他听说金陵有王气，就派人去挖断龙脉，引淮水北流，以泄王气。

现代风水理论把现代交通形式，火车、高速公路等认为是有“水”的风水功能，“要想富，先筑路”，不难理解南水北调，整治河道，创建生态卫生城市等基础设施建设，实际就是调整风水格调（图 3.26）。

图 3.26　南水北调的引江河水利枢纽工程

同时也不难理解，古代繁荣的城市是水系发达的地区形成的城市，而现代繁荣的城市是和交通设施的完善、交通便利有密切的关联。

同时古代设都要设在国的中心，如洛阳土圭测得中心之位，也是便于交通、车马、传递、信息沟通。随着鸦片战争的开始，中国大门打开，要求面向世界，因此沿海地区有了它有利的风水位置，更便于接受来自世界其他国家的信息、文化、技术，决定了广州、香港、上海、天津、青岛、大连的逐步繁荣。

村落的风水林，路口、山口、水口的风水塔也是古人对风水的要求和调整。同时风水塔和风水林还有其防雷的现实作用。

山上建风水塔（图 3.27），水上建风水桥（图 3.28），实际上都与修补风景缺陷及造景有关。

图 3.27　风水塔

图 3.28　风水桥

# 第八节　土壤选择

## 一、土壤选择

古人还总结出了称土法，《相宅经纂》卷三“称土法”曰：“取土一块，四面方一寸称之，重九两以上为吉地，五、七两为中吉，三、四两为凶地。或用斗量土，土击碎量平斗口，称之，每斗以十斤为上等，八九斤中等，七八斤下等”。有的风水土书也讲到称土法为“入土实一斗，称之，六七斤为凶，八九斤吉，十斤以上大吉”。以此来推断土壤的密实性和地基承载力。

一般说来，土壤比重（单位体积的重量）越大，孔隙率越小，就越密实，承载能力就越大，适宜做建筑地基；对同一种土壤来说，含水率越高，承载力就越小。土粒的比重决定于土的矿物成分，它的数值一般为 2.6～2.8，砂土和黏土比重在其范围之内，而有机质土为 2.4～2.5。这类土含有大量的动植物腐殖质，颜色黯黑，土质松软。而泥炭土的比重就更低了，仅为 1.5～1.8。后两类均不能作为建筑的地基。

风水中说的斗土六七斤的凶土大概就是有机质土了，而八九斤的吉土可相当于砂土或黏土，十斤以上的大吉土，相当于密实的碎石土了。看来古人的土壤称重法虽不那么科学，但在当时来说却是行之有效的，而吉凶观念的本质内涵也就是指承载力大小和透气渗水性好坏，并无迷信可言。

“辨土法”的基本内容是：在基址上挖地，周围阔一尺二寸(40厘米)，深也是一尺二寸（40厘米)，再将原土筛细填坑里，到填满为止，不能把土按实。过一夜后察看，若地气旺则土拱起，若地气衰则土凹陷，拱起便吉，凹陷便凶。

“称土法”的另外一种方法是用斗量量土，将土击碎，量平斗口，称之。每斗以十斤为上等，八斤、九斤为中等，七斤为下等。

土是由颗粒（固相)、水（液相)、气（气相）组成的三相体系，不同土壤的三相组成不一，因而在土的轻重、松密、干湿、软硬等一系列物理性质和状态上有不同反映，同时又决定不同的力学性质和工程性质。三相比例关系，又决定了土粒比重，含水率，孔隙率。这些指标是判定地质工程的重要参数。一般比重越大，孔隙率越小，越密实，承载力越大；而含水率越高，承载力越小。

按照现代地基力学要求，各类地基土的容许承载力（单位面积上的承载力，一般为kPa）可按表3.1查得：

**表3.1 各类地基土的容许承载力**

单位：kPa 地基土容许承载力

| 土的名称 | 承载力 | 土的名称 | 承载力 |
|---|---|---|---|
| 碎石土 | 300～800 | 淤泥土 | 50～100 |
| 砂土 | 150～350 | 红粘土 | 120～300 |
| 黏土 | 120～400 | 素填土 | 60～150 |

另外，风水术士相信若骸骨变黄，且保存状态良好，则此土

吉祥，若骸骨变黑并迅速朽烂，则此土凶。故术士称坚实而细腻的黄土吉。

“以土细而不松，油润而不燥，鲜明而不暗”为佳。盖为“生气之土”《孔子家语》认为：“坚土之人刚，弱土之人柔，墟土之人大，沙土之人细，息土之人美”把人的性格形象和土质联系起来。

风水学说认为，地下埋藏什么东西吉祥，什么东西凶祸。所以《相宅全书》说：“基之所藏，何物乃祥？珠玉为上，生物亦强。鱼龙之骨，九卿之乡。生龟下守，公侯之藏。古印剑器，五品官方。”另外，为了躲避他日成为兴利的场所。因为地下如果有矿藏，免不了总有一天会被人们开采。一旦矿业兴起，必然会损毁住宅或坟墓。风水师为了能作出未来此地无矿业的预言，必须掌握探矿知识，用探矿知识初步查明此地无矿，确保风水宝地长久安全。

风水学上把“病龙”（病态的龙即有某些缺陷的山脉）视作不好的环境，“锄破崩残同一断，纵然成地亦孤寒”（《堪舆漫兴》）。从地质学的角度看，病龙所在地可能是断裂线、断层线所在的地方，或是两种地质区域接触带，多漏水层，多火山、地震，是地表不稳定的区域，有隐患，所以称为病龙。俄罗斯学者发现，地质构造异常影响人类身体健康，对植物生长产生不良影响。如生长在地层断裂带的植物会发生病变。在地质断层特别复杂的地区，人类肿瘤病发病率比其他地区高 2～3 倍。在地层断裂地带的公路上，交通事故发生率是其他地区的数倍。地质断层带会释放出放射性气体，引起局部地磁变化，这是引起人体及植物病变的原因，但不是全部原因。可见风水学上讲的病龙地区不是好环境，不是毫无道理的无稽之谈，而是包含有一定的科学道理，不可忽视。

## 第九节 城市规划要体现地方文脉

北大旅游研究与规划中心的创始人，北大城市与区域规划系教授、博士研究生导师吴必虎在《区域旅游规划原理》中说："正如许多著名的西方规划师强调的那样，旅游规划、城市规划都必须体现地方性，规划方案必须能够为旅游者提出一种地方文化和意境流，一种地方上的'气'或'场'的体验。"这其中涵义里有一点"地方文脉"的意思。

不同城市的风水规划中一定要强调地方文脉。

文化是城市的灵魂，城市是人类文化的重要载体。M. B. 波索欣曾说："自古以来，城市一直是表现为某种社会的思想、艺术和美学观念。"

地方的文脉是以地方作为一个生命活体，其内部有独特的个性，有生命活力，有作为内动力的地方精神。它是地方特有的山水、地方特有的动植物灵生界以及地方特有的历史文化精神，天、地、人三者结合。它是地方山水灵气和人文灵气综合产生的地方精神，以及这种地方精神的可视性物质实体。不了解当地人文，一味照搬规划中形成的"气"和"场"与当地的"气"和"场"不协调，就不会起到很好的作用。

地方文脉既包括了地方的可视性旅游观光、体验的实体，更包括了使这些实体综合而成的统一整体、使之有生气、有活力的精神灵魂，这就是地方文脉。地方文脉也就是地方文化生命的基因。

地方文脉是山川灵气、地理背景、自然环境与人文心理交相感应的文化积淀。它是一个地方特有的文化气质、文化特征、民风民俗，并与此相应的人居环境和地理风貌。

研究地方山水文脉的主要目的是揭示地方山川形态、地理环境与地方文化的内在联系，发掘文化交流根脉的优秀精神，从而使一地区的旅游发展有远大明确的目标和切实具体的可操作基础。这样，就可以使地方发展有一个可持续发展的保障体系。

在十里洋场的上海，海派风格的规划建筑就会显得十分协调，而纯粹的古建筑风格在其中就不会显得十分协调。

## 第十节 风水与气候气象

1. 风

风水师在选地时，要求藏风或避风，一个地点的上下两旁，必须有护穴砂。水流来的一面风吹不得，水流去的一面风也吹不得（《地理》）。风水宝地为什么要避风呢？风水师认为："外山环抱者，风无所入，而内气聚。外山亏疏者，风有所入而内气散。气聚者暖，气散者冷。"（《堪舆泄秘》）正因为避风是为了使一个地方的小气候温暖不冷，因此，风水不是要避开所有的风，而是只避寒冷的风，不避温暖的风。这点《地学指正》讲得很清楚："平阳（即平原地区）原不畏风，然有阴阳之别。向东、向南所受者温风、暖风，谓之阳风，则无妨。向西、向北，所受者凉风、寒风，谓之阴风，宜有近案遮拦，否则风吹骨寒，主家道衰败丁稀。"就一个具体地点来说，从方位上考虑，有的方位要避风，有的方位可以不避风。如"阳山坐乾位（西北方 315 度），子（正北方 360 度）上有风反不畏。又有坐申（240 度）作寅（60 度）向，或是坐寅向申位，子上风来是吉方，只要穴中相回避。"（《玉髓真经》卷九）如果坐坤（225 度）、申（240 度）、乙（105 度）辰（120 度）、壬（345 度）、子（360 度）这六个方向，就不怕申向的风。这些论述都是对的，因为都不是对面直吹的风，故不用回避。若是对面直吹，自然不吉，须回避。

《黄帝宅经》认为，正月的生气在子癸方，二月在丑艮方，三月在寅甲方，四月在卯乙方，五月在辰巽方，六月在乙丙方，七月在午丁方，八月在未坤方，九月在申庚方，十月在酉辛方，十一月在戌乾方，十二月在亥壬方。这和大多数地区的风向玫瑰图（图 3.29）十分相似。

风是什么？风就是气——是一种流动的气。“风以散之。挠万物者，莫疾于风。”风是大气的流动形式，而大气则是地球上万种生灵的母体与保护者。是生物生存必需的元素。宋代邵雍说：“火为风”，大气的冷热不均是形成的一个主要原因。风即大气中所包含的氧气，当一个生物体停止呼吸，停止了与“风”的气流，不能设想，在一个不开门窗、密不透风的房间，人们将如何生活。风也有好坏之分，如何纳入好风吉风？如何避开坏风凶风？也是风水理论研究的问题。

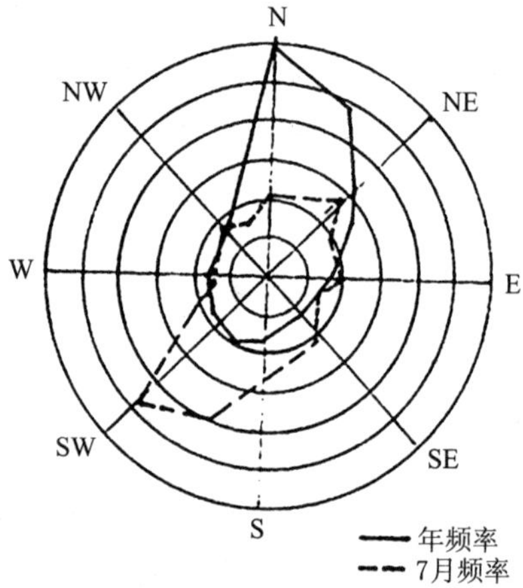

图 3.29　某地风向玫瑰图

2. 阳光

风水师很重视阳光的选择，总是要选择阳光充足的地方或方位。“庙朝宫殿府县治廨，无不向南，盖取向明而治之义。”（《玉髓真经》）在北半球，南方是阳光最充足的方位，所谓向明而治，就是选择阳光最充足的方位居位。风水师还根据阳光的强弱把方位按顺序排列，“南方为上，东方次之，西又次之，北不良。”（《玉髓真经》）

采光设计就是根据室内对采光的要求确定窗子大小、形式及其布置，以保证室内采光的强度、均匀度及避免眩光（图 3.30）。很明显，窗面积过小，使室内光线过暗，影响人们的工作学习，增加照明费用。窗面积过小不仅会提高房屋的造价，而且夏季会使居室过热，冬天过冷，太强的采光也不利于人们的休息。因此，为使采光设计做到经济适用，一般是根据使用性质及其对采光的要求，按采光系数的标准进行设计。

| 材料 | 窗 洞 | 钢 窗 | | 木 窗 | |
|---|---|---|---|---|---|
| 窗的式样 |  | 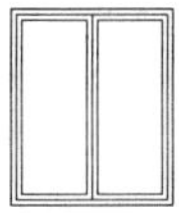 | 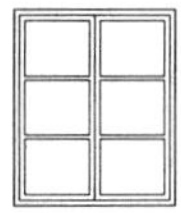 | 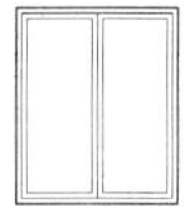 | 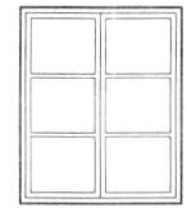 |
| 采光面积百分比 | 100% | 77% | 74% | 60%-64% | 56%-60% |
| 窗的式样 |  | 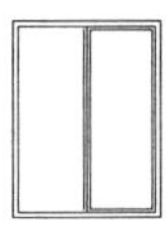 | 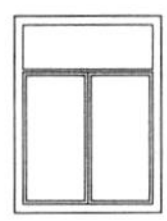 | 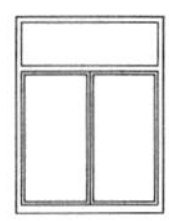 | 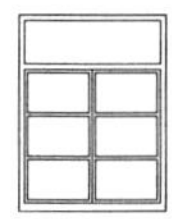 |
| 采光面积百分比 | 100% | 79% | 77% | 54%-57% | 47%-50% |

**图 3.30 窗的式样和采光面积比**

采光系数与照度有关，照度是衡量照射在室内工作面上光线强弱的主要单位，即单位面积上所接受的光通量。采光系数便是室内工作面上某一点的照度与同时刻室外露天地平面上照度的百分比。国家把民用建筑中的房间使用性质的采光分级定为五级。

**表 3.2 采光面积比即房间的采光面积与房间的面积比**

| 房间名称 | 采光等级 | 采光系数 | 采光面积比 |
|---|---|---|---|
| 起居室、卧室、学习、工作室 | 3 | 2～3 | 1/6～1/8 |
| 卫生间、厨房、厕所 | 4 | 1～2 | 1/8～1/10 |
| 走廊、楼梯间、贮藏室 | 5 | 0.25～1 | 1/10 以下 |

卧室的光线太强，容易使人脾气暴躁，相反，若光线太暗，则容易使人产生忧郁的情绪。

3. 气温

阳光与热量密切相关，在同一纬度同一高度上，阳光充足的地方自然热量多，温度高。风水中的背阴向阳原则，既是为了争取阳光，也是为了争取热量。风与气温有密切的关系，避风是为了居住地气温高，温暖，有利于生产和生活。

## 第十一节　风水与生物环境的选择

生物的灵性第六感比人强烈，如海啸、地震发生之前动物都有反常行为。风水师常常以生物作为辨别环境好坏的一个因素，居住地区要草本郁茂，苍松翠竹，森林绕屋。这样才会人旺财生，著绯著绿（《相宅全书》）。不仅植被要茂盛，禽兽也要繁盛才好。如果一个地方草木焦枯，禽兽离散，自然不适宜人类居住（《堪舆完孝录》）。道理很简单，生物生存都有困难的地方，让人类去住必然生活不下去，生产不发达，身体健康也受影响。

# 第四章 单体建筑设计与风水

建筑是人们为满足生活、生产或其他活动的需要而创造的物质的、有组织的空间环境。从广义上讲，建筑既表示建筑工程或土木工程的营建活动，又表示这种活动的成果。

建筑学是研究建筑物及其环境的学科，主要包括建筑设计和建筑构造等内容，涉及到建筑功能、工程技术、建筑艺术、建筑经济以及环境规划等许多方面的问题。

构成建筑的基本要素是建筑功能、建筑技术、建筑形象，通常称为建筑的三要素。

建筑功能：人们建造房屋总是有具体的目的和使用要求，这就是建筑的功能。例如：住宅是为了家庭生活起居的需要，学校建筑是为了教学活动的需要，厂房是为了生产的需要。

建筑技术：包括建筑材料、建筑结构、建筑设备和建筑施工等内容。

建筑形象：建筑即是物质产品，又具有一定的艺术形象，不仅用来满足人们的物质功能要求，还应满足人们的精神和审美要求。建筑形象包括建筑内部空间组合、建筑外部形体、立面构图、细部处理、材料的色彩和质感及装饰处理等内容。良好的建筑形象具有较强的艺术感染力，如庄严雄伟、宁静幽雅、简洁明快等，使人获得精神上的满足和享受。

建筑功能、建筑技术、建筑形象三者是辨证统一的，既不可分割又相互制约。建筑功能通常起到主导作用，满足功能要求是建筑的主要目的；建筑技术是达到建筑目的的手段，对建筑功能和建筑形象有着制约和促进作用；而建筑形象则是建筑功能、建筑技术与建筑艺术的综合体现。

唐明邦认为，建筑风水文化在建筑学中有它的特殊价值，因为它集天然、地利和建筑为一体，它全面讨论建筑的布局、空间的分割、方位的确定，以及配套的设施等等问题，它的其中蕴含着东方审美的意识，它是一种人文意识，建筑本身是一门艺术，而风水学在这门艺术中有它特殊作用。

《建筑十书》中关于“建筑师的培养”是这样阐述的：建筑师要具备多种学科的知识和种种技艺。建筑师应当擅长文笔，熟习制图，精通几何学，深悉各种历史，勤听哲学，理解音乐，对于医学并非茫然无知，通晓法律家的论述，具有天文学或天体理论的知识。因为作为建筑师通晓风水知识是必备的素质。

## 第一节　建筑模数与传统建筑用尺

在一系列数字中，与建筑关系最大的要算五与九。

先述五，《增韵》：“五，天地之中数”。五行中央属土（《礼·月令》），故在河图洛书中，五都位于图的中央。《易经·贲卦》天文也。虞注：“五，天位”。天位也称帝位，因此“王者必居土中”（《白虎通义·京师》）就成了我国古代选择建筑地点的首要条件。“土中”或称“地中”，意即大地的中心。甚至帝王的宫殿也必须要造在皇城的中心，例如北京。

次述九，《管子五行》天道以九制，房玄龄注：“九，老阳之数”。国人好阳恶阴，建屋时如明堂九室。李善注张衡《西京赋》：“明堂者古有之，凡九室”。又《考工记·匠人》：“内有九室，九嫔居之；外有九室，九卿朝焉”。则不仅明堂，朝堂、内宫亦然，古代帝王所居之地设九门，所谓天子九门（《礼·月令》），围棋又为 19 盘格，规划上的道路也取九数。又《老子》的九层之台以及建筑上的采九九数。

院落在方位上以八卦之位为主次，每一个单独的院落又以一栋之房为主次。一宅一第，几进院落之中，亦必有一个较大组合之院，绝无两进或两进以上规制完全等同的院落。故中轴线上之正房个体建筑必然高大于其他院落之正房，在规则上是有君（乾）、臣（坤）之别。主人宜住在相对较高的建筑里。

正房、厢房、配房都采用奇数，如最高级别的“太和殿”（图4.1），其间阔为十一间，进深五间，是很典型的。只是极个别的“净房”之类的房屋，才是偶数。至多不过两间。以一条脊为例，面阔四间以上的偶数房间，尚不多见。再者，一个整体院落的房屋间数，也避免使用偶数。

图4.1 太和殿鸟瞰图

传统的房屋建筑，从立面上讲，主要由台明、墙身（门窗）、屋顶三个部分组成。此即卦象中的天才（屋顶）、人才（墙身门窗）、地才（台明）三个爻象和爻位。天为纯阳，故屋顶亦为纯阳之象。除攒类之双环、方胜亭之外，建筑物的屋顶均为奇数。墙身、门窗属于“人才”，有奇有偶，有阴有阳，台明属“地才”，大多为偶数。天为乾，为阳。如塔的层数都为奇数，建筑台阶大多为奇数，以及往天上垂直的建筑数理都为奇数。地为坤，为阴。如建筑物对地接触的面皆为偶数，房屋皆为四边形，踏皆为八边形、六边形等。

在与天象有关的风水禁忌中，大量内容是直接针对单位建筑的，而对诸多单体建筑共同控制的结果，必然导致整体布局呈现某种规律性。且中国古人以传统的思维方式习惯地认为，对于小系统适用之说，对大系统一般也适用，反之亦然。因而许多禁忌内容对单体建筑和整体布局均有效。

中国古代建筑的面阔、进深、柱高三者，为决定建筑之主要尺寸，在确定这些尺寸时，常以“压白”求其吉利，而在房中开门造窗，亦用“门光尺”选定吉利尺寸。

“门光尺”实际用途仅是两项：度量和择日。

据《鲁班经》载：“鲁班尺乃有曲尺，一尺四寸四分，其尺间有八寸，一寸准曲尺一寸八分，内有财、病、离、义、官、劫、害、吉也。凡人造门，用依尺法也”。该文在“曲尺之图”注文说：“曲尺者，有十寸，一寸乃十分，凡遇起造经营，开门高低长短，度量皆在此上，须当凑对鲁班尺八寸，吉凶相度，则吉多凶少为佳，匠者但用仿此大吉”。

这两段记述，提到了两个尺：一是鲁班真尺，二是曲尺（图 4.2）。

鲁班真尺在流传使用中名称较多，有“鲁班尺”、“八字尺”、“门尺”、“门光尺”（有文记“门官尺”，但不多见）等。侧面也刻有文字，系开、立、修造门择选吉日所用。

曲尺为一种 L 形的木工匠师度量用尺。一般短边是刻度十寸，每寸十分。长边尺、寸、分刻度与短边相同，但总长度各地不一，最长者不超过短边二倍，这种尺的尺、寸、分刻度与市面使用的市尺略有出入，是一种木工专用的度量工具，称为“营造尺”。鲁

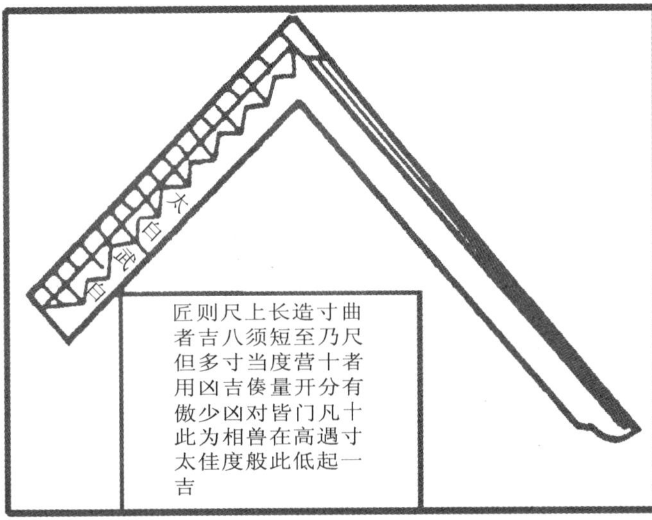


图 4.2 《鲁班营造正式》中曲尺图

班真尺（即“门光尺”）的一寸等于曲尺一寸八分。

曲尺为营造尺，也有叫作角尺或拐尺，系用于度量、下料、计算、营造之用。另有的曲尺的横向短尺上，除刻画有以营造尺之尺、寸、分刻度外，尚有自一寸开始至九寸，每一寸刻度内顺序内标：一白、二黑、三碧、四绿、五黄、六白、七赤、八白、九紫堪舆九星的紫白星名。这是用“营造尺”的寸度数字，取吉数之用的。其中三个白字寸为大吉数，紫寸为次吉数，即一、六、八与九寸为吉寸（寸以下之分数亦同）。由此可见我国古代师匠在制器物门窗定其尺寸的吉凶时，是要以“门光尺”与“营造尺”并用的，而在做法清册或说明中所标之尺寸又都是“营造尺”的尺寸，存在两种尺的使用问题，须加以明确。

“营造尺”为营造所用，由于历史及地区不同，各时期不同地区的“营造尺”量度很不一致。

“门光尺”反面刻有八个格，每个格又分五小格（是否可称为

“分”或“门光分”，等商榷），如称为“分”的话，其每一分等于营造尺 3.6 分，合公制尺 1.52 厘米。

表 4.1 列举了《明鲁班营造正式》等五本书“门光尺”的正、反两面的文字，这些判断吉凶的文字、诗词，多有错讹和不成句，不通顺之处。经初步核校、对照，列表 4.2 供参考。从表 4.1 诸门尺所列文字中，可以看到一寸（财），四寸（义），五寸（官），八寸（吉，有的称为“福”或“本”字），这四寸为“吉寸”。其中压“义”字者用祠宇，衙署为宜，压“官”字者同样可用于衙署或寺庙，一般民居尽可能避开。

**表 4.1　八卦，飞白宫位序列及五行属性表**

| 宫位 | 一 | 二 | 三 | 四 | 五 | 六 | 七 | 八 | 九 |
|---|---|---|---|---|---|---|---|---|---|
| 后天八卦 | 坎 | 坤 | 震 | 巽 | | 乾 | 兑 | 艮 | 离 |
| 九紫飞白 | 白 | 黑 | 碧 | 绿 | 黄 | 白 | 赤 | 白 | 紫 |
| 五行 | 水 | 土 | 木 | 木 | 土 | 金 | 金 | 土 | 火 |

**表 4.2　明鲁班营造正式举例各门鲁班真尺压白分析表**

| 造门名称 | 举例尺寸（营造尺） | 紫白压色 | | 折合光尺 | | | 门光尺合营造尺 | | 备注 |
|---|---|---|---|---|---|---|---|---|---|
| | | 寸色 | 分色 | 尺 | 寸 | 寸字 | 上限 | 下限 | |
| 单扇门小者 | 二尺一寸 | 一白 | | 一 | 四 | 义 | 1.99 | 2.16 | 表列上限下限之参数见表4.2 |
| 单扇门 | 二尺八寸 | 八白 | | 一 | 八 | 吉 | 2.17 | 2.88 | |
| 双扇门 | 四尺三寸一分 | 三绿 | 一白 | 二 | 八 | 吉 | 4.14 | 4.32 | |
| 如财门者 | 四尺三寸八分 | 三绿 | 八白 | 三 | 一 | 财 | 4.33 | 4.50 | |
| 大双扇门 | 五尺六寸六分 | 六白 | 六白 | 三 | 八 | 吉 | 5.59 | 5.76 | |

注：①所在“寸字”亦有称之为吉门、福门或本门者，均为门光尺之八寸。

②营造尺在压色上，以寸以下为准。有尺压寸，有分压寸，各尺之数均不论。

小小的一把尺，融纳了“阴阳”、“五行”、“八卦”、“洛书”、“九宫”、“七政”、“九星”、“紫白顺飞”等学说理论，博大精深。了解它对探讨中国古代建筑是必要的。“门光尺”除营造度量功能外，还有一种用项，就是择吉。

民间有“街门二尺八，死活一齐搭”。即住宅大门宽至二尺八寸（约 90 厘米），轿子、家具、棺材均可通过。

后天八卦，按洛书宫位，顺布占之。惟中五宫无卦。在传统建筑设计中，古代堪舆家与木工匠师将一至九宫，各用天文九星之序及白、黑、碧、绿、黄、赤、紫七色配九宫，白色占三宫位，而考虑吉凶尺度，进而又以宫、卦、色定其五行属性。木、金各占两宫。土占三宫，水、火各占一宫。门光尺取其紫白，但不用其五行属性。

## 第二节　园林中的风水理论

阴阳哲学在中国园林设计中也是显而易见的，并且是现代园林设计的通用法则。

园林的最佳位置，是在能看到山峦的湖边。平衡感和连续感是由各连接构件，如石块、树木、植物、桥梁所围成的围墙造成的。墙上的方形和圆形开口象征着地和天，并且，亭子、桥梁、小径都是根据风水的信条修建的。

特别是桥和小径，常常修成“之”字形，之所以这样做，是因为“风水家”相信，好气沿着蜿蜒之路行进，煞气则沿直线穿流（图 4.3）。中国人相信，道路或河流沿直线延伸，就会造成破坏，弯曲的道路才符合自然的本性，因此，园林设计应符合阴阳哲学。虽然古人的建筑观念根基于儒家的形式化对称性思想，但设计园林时，他们追随的则是阴阳学说。

古代园林中所设计的石镶嵌图（图 4.4），强调阴阳交替与阴阳的二元性。因此，象征性动物的雕塑如龟、鹿、龙、狮、鹤等，

图 4.3　苏州拙政园中的小径

图 4.4　苏州留园地面的凤凰图案

常常被置于至关重要的地点，以增加园内风水并赐予人们好运。园林四边与四个神秘的动物有关，东面是青龙，南面为朱雀，西面是白虎，北面为黑龟。象征财富的溪流，通常修在园东。人工湖建在南面是最理想的。通向亭子的崎岖小路正好修在西面。北面则应由设有瀑布的人工山来保护。

在大的园林里，东北或西南方向（魔鬼之门）建有宝塔用以驱逐邪恶。在小园林内，则在假山上放置小型瓷塔，并修建起保护作用的小山。

亭子的形状常修成象征地的方形，与五元素相关的五连形，象征财富的六边形，象征昌盛的八边形。

如果修建人工湖或池塘，不把它修成严格的几何形状（图4.5)，如方形或长方形，其沿岸看起来要尽可能自然，还在水中种上百合花，以表示正直，并保护园林使之不受邪恶影响，还要有些活乌龟、活金鱼，以保护好运。

图 4.5　拙政园鸟瞰图

栽植树木也要仔细考虑。常用的树木是象征长寿的松、柏等。梧桐树常种在园林内，因为它不易枯萎。花也应选择那些长生的，菊花、兰花、梅花及其他生命力较强的花都是适合的。

在古代，当与溪流平衡的光滑静石同园林的粗糙结构相映衬时，园林就被认为是美的。基于这一理由，园艺理论认为：园林的最佳位置，是在能看到山峦的湖边。在这种情况下，“气”就会与自然的“精气”相一致。

现在古建筑复建成风，大多在建筑符号上来体现仿古建筑，而在内容上几乎没有表现，如围护、风水透白、窗景的要求、尺度的数理要求等。

## 第三节　风水的形与势

吴清源说：“围棋是易学体现”，中国围棋特别讲求“形”、“势”，同时也体现了“围”、“藏”的理念，围棋中的“金角银边草肚皮”跟现代房地产价值理论一致，拐角商业价值最高，边的商业价值略低，中间部位相对较差，“形要巧、不能愚”，“形要顺势”，“势取之于形”。

风水中的形势论原理的运用是从整体性引发出来的对建筑形象的设计控制。中国哲匠总结长期经验，提出“百尺为形，千尺为势”的设计法则，即对个体设计的形象视觉效应在30米左右最佳，群体形象要求其轮廓起伏动势的视觉效应300米左右最佳。它们都有自己的尺度感和平衡范围，否则就会相互冲突，影响整体与局部的构成关系，这与现代视觉设计理论对比并无二致。对形与势的关系，古代还提出“以形造势”，讲究气韵生动，富于变化。“以势制形”强调秩序和谐，照应统一。中国建筑群体大多纵深序列构图，只要看看纵向侧面建筑天际轮廓的高低起伏的律动变化，或登高临下横观纵览，那形势的辩证设计体味无遗。

张开济说：“天安门城楼前本来就不应当再搞任何建筑，可是又有这种需要，怎么办呢？当时搞了个小规模的设计竞赛，有的人把观礼台盖上了琉璃瓦，想和故宫配套。我却认为这个设计越不显眼越好，所以我的设计高度不超过天安门的红墙，颜色是红色，琉璃瓦绝对不用，让观礼台（图 4.6）和天安门城楼浑然一体，这叫此处无声胜有声”。

图 4.6 天安门观礼台

“一般人眼中天安门城楼的确没感到一个什么观礼台存在，好像本来就是那样的。”

“这就是最大的成功，一个建筑师该当配角的就当配角，观礼台就是天安门城楼的配角。建筑设计不能只顾自己的一个设计，要和整个城市的风格相和谐”。

“远为势，近为形；势言其大者，形言其小者”。

“势居乎粗，形在乎细”。

“势可远观，形可近察”。

“千尺为势，百尺为形”。

“形住于内，势往于外，形得应势，势得就形，形不欲行，势不欲止”。

“势为形之大者，形为势之小者”。

“盖形者势之积，势者形之崇”。

“聚巧形而展势”。

“远以观势，虽略而真，近以认形，虽约而博”。

“形即在势之内，势即在形之中”。

“势如根本，形如蕊英；英华则实固，根远则干荣”。

“势与形顺者吉”。

“势来形止，前亲后倚者为吉”。

“形势相登，则为昌炽之佳城”。

“形全势就者，气之旺也”。

形是指近观的、小的、个体性的、局部性的、细节性的空间构成及其视觉感受效果。

势是指远观的、大的、群体性的、总体性的、轮廓性的空间构成及其视觉感受效果。

对于“形”其“百尺为形”的基本尺度规定，依中国古尺周尺到康熙量地官尺，折算为公制，约为 23～35 米；“近以认形”，“近相住形”，为近观时的视距标准，与当代建筑理论中看清人的面目表情和细节动作为标准的近观视距限制基准相符。这一视距限值，也正是广泛应用在影剧院、多功能体育馆，以及街道、广场、建筑群的外部空间等设计实践中的一项重要的基准尺度或模数。众多的相关理论著述曾强调指出，这一空间尺度给予人的心理感受，以富于“人情味”为最显著特征。以此为准，可创出尺度宜人得体的外部空间。

此外，就当代理论分析，合于人的尺度即“百尺为形”的建筑或其他景观形体，在千尺之远观看时，即为 230～350 米左右，视角为 6 度，这正是人眼最敏感的黄斑视域，同时也正是当代建筑外部空间设计中的一个重要极限视角。实际上，当视角小于 6 度时，空间的效果，尤其是空间综合效果，将明显消失，趋于空旷，并产生疏远感。现在影剧院设计和建筑装饰设计也按此限制进行（每尺合公制，清尺 34.5 厘米，康熙景地官尺 34.5 厘米，户部尺 34.86 厘米，营造尺 31.85 厘米，乾隆造尺 32.00 厘米，河工尺 31.98 厘米）。

就建筑而言，古人也非常注重尺度合宜，以满足人的生理、心理及社会需要，有诸多史籍载述分析风水形势说“千尺为势，百尺为形”的尺度规定作为建筑外部空间设计的所谓“外部模数”，盖源自以人体为准的尺度系统，并以十进制为基础，由室内空间尺度外延形成，即由尺而丈（10 尺），再而百尺（10×10 尺）、千尺（10×10×10 尺）。这与芦原义信“外部模数”的“十分之一理论”完全契符，也当是毫无疑义的。

还应当指出的是，在具体的建筑设计实践方面，反映着外部模数“千尺为势、百尺为形”的空间构成原则和以百尺为形的坐标网格来推敲建筑群的空间布局，即外部空间设计，实际也是中国古代传承弥久和应用普遍的一种方法。

（1）关于天安门广场的设计，毛泽东曾向当时的北京市长彭真指示，天安门广场要从原长安左门与长安右门处一直向南拓展，直抵正阳门一线城墙。按照这一批示进行的天安门广场改建，东西宽 50 米，南北长 860 米，并且要求两侧分别建万人大会堂和革命历史博物馆。当时梁思成表示反对，认为这很不符合人的尺度，会使人产生掉到沙漠里的感觉，并且认为人民大会堂是把开间、层高，甚至门、窗简单地放大，人进去以后似乎有到了巨人国的感觉。彭真在方案讨论会上说：“有人说大礼堂太高，人显得太渺小，天不是很高吗？我们站在天安门广场怎么不觉得自己渺小呢？”后来，周恩来协调指示将大会堂内部顶端设计成圆曲而下的形式，以达到水天一色，浑然一体的效果。人民大会堂作为特殊的建筑，在感觉上也体现了它的特殊性。用冰心的话概括较为准确：“走进人民大会堂，使你突然地敬虔肃穆下来，好像一滴水投进了海洋，感到一滴水的细小，感到海洋的无边壮阔。”

（2）香港首富李嘉诚的总部——长江集团中心（图 4.7），为何不跟旁边的中银大厦比拼高度？它的样子，为何四四方方像个盒子？负责设计这幢摩天大厦的建筑大师西沙佩利（Cesar Pelli）日前一一解开谜团。他说，“李嘉诚信风水，他相信四四方方的盒子形大厦可抵挡中国银行的煞气。”西沙佩利说，如何定出长江集团中心 283 米的高度，先是一项政治艺术。他透露，高度是李嘉诚定下的，“他说要高过旁边的汇丰总行（179 米），但要矮过另一旁的中银大厦（367 米）。”如果在中国银行及汇丰总行的最高点划一条斜线，长江集团中心就在这条斜线之下。从外表看，长江集团中心设计得四四方方，欠缺线条美，在香港芸芸摩天大厦中不算突出，西沙佩利带点无奈说，“因要解决中银的风水问题，我要依风水大师意见，故设计上颇多限制。”此外，长江集团中心的菱角位全被“削平”，方形建筑最后变成八角形，原因也是为了免得跟中银大厦硬撼。

图 4.7　香港长江集团中心

其实李嘉诚除了信风水外，也体现了李嘉诚建筑哲学的要求。中银大厦为中央政府投资，是中央政府接管香港的象征。因此长江集团中心高度定为 283 米，有藏形于势的理念，而菱角位“削平”，又体现了主人不喜争斗，和气生财的理念，紧靠中银大厦又体现了主人对中银大厦的依靠。

(3) 紫禁城的布局（图 4.8）以进深而论，太和殿为最大，通进深 33.33 米，其余各单体建筑皆在此限下。

以近观视距而论，如东、西六宫的绝大多数内庭院，通面阔，通进深就都在 35 米限内。而最为显赫的三大殿，其三台迤南而至北端，自东而西，进深和面阔逐段划分，也均在此限。其中三台南丹陛通深 33 米；台上层南边阶条至太和殿通深 29 米；太和殿台明通深 35 米；太和殿北丹陛至中和殿丹陛间距 31 米；中和殿台明通进深 23 米；中和殿迤北至保和殿台明南边共深 33.8 米；保和殿台明通深 25 米；北面丹陛通深 30 米；丹陛北至乾清门台明 34.8 米等等，无不严格遵循了“百尺为形”的尺度控制原则。

图 4.8 紫禁城鸟瞰图

(4) 最新落成的苏州博物馆（图 4.9）是贝聿铭大师的封刀

之作，“中而新，苏而新”，“不高不大不突出”是这座建筑最大的特点，它设计上体现了大师的烙印，又与周边传统名居浑然一体。控制整个城市景观天际轮廓线作用的最高大的城楼、钟楼、鼓楼等，皆遵循了“百尺为形”的尺度控制原则。如天坛祈天殿，从台阶到宝顶全高为31.78米，就正合清代营造尺（光绪间1营造尺＝31.83厘米）九丈九尺九寸。至于街道、胡同、广场、庭院等平面划分及空间围合尺度，少数违风水形势说基本原则的例外。

图4.9　苏州博物馆

然而，历史上的这些尺度超人的建筑物，恰恰皆非人的空间，而不外是媚神、求仙、礼佛之用的“神的空间”，无不具宗教性彼岸世界的崇拜物的性质。

## 第四节　风水的“神”

美国建筑大师路易斯·康说：“当你设计一座建筑时，你就创造了一个生命”。

中国风水学既注重建筑的“形”，也重视建筑的“神”，追求

"形神兼备"。"千尺为势，百尺为形"指的是"形"，而"四神砂"、"乘气说"所指的是"神"。它们之间相辅相成，构成了中国东西南北中各具特色的城市建筑风格。"神"的实质是追求建筑与自然的融合，达到"天、地、人"的统一。这个"统一"是追求宇宙创造生命背后的"迷"和地球颐养生命的规律以及生命本身的运行规律的大统一。这与现代建筑设计注重设计者的主观构思，平面和空间艺术效果处理，满足功能方面的"物质需求"，而忽略"精神需求"，造就了今天的城市趋同性和城市弊病形成了鲜明的对比。

到过上海的人基本上都知道金茂大厦这座世界上第三高的建筑（图 4.10）。这座庞然大物在其建造之初，它的建筑设计采取了国际招标的形式，最终中标者为美国的一家设计公司。据说美

图 4.10　上海金茂大厦

国人接手这个项目的投标任务后，所着手解决的第一个问题不是去研究该项目的技术问题，而是力求寻找一种现代高层建筑与中国历史建筑文脉相沿袭的结合模式。他们在中国的大江南北寻找了几乎所有古代高层建筑的图片，最终他们选定了西安的大雁塔（图 4.11）作为构思上海金茂大厦的原型。另一方面，美国人又研究了中国另一个著名的古建筑群—北京紫禁城的平面布局，将金水玉带的吉祥格局巧妙地引申到金茂大厦的形体设计中。现在这座大厦已经耸立在上海浦东，它修长稳健的体形确实让我们联想到古老的大雁塔，它接近基座部分的最下几层的跌水处理，也确实体现出中国古代平面布局中曲水环绕的建筑规划方法。

图 4.11　西安大雁塔

贝聿铭大师在谈到2008奥运场馆风水时表示："奥运主会场地处东方，暗合紫气东来的含义，很吉利。太阳古称"金乌"，主会场曰"鸟巢"（图4.12），有相协相飞之意，意象深，中国四祥瑞中，东方为青龙，这也是中国被外国称为"中国龙"的原因之一。位于亚奥核心区的奥运会最重要配套工程——北京摩根中心（图4.13），就是一条东方巨龙的具象，以中华民族的图腾"龙"作为建筑外型，项目东西长近700米，分五段，南侧高197米的A座，其楼顶部为"龙头"造型，往北三段为"龙身"，最北侧的B座为"龙尾"，此巨龙与亚奥公园里的"龙湖"无意契合，是08奥运圆满成功的吉兆。

图4.12　鸟巢效果图

图 4.13　北京摩根中心

清高见南的《相宅经纂》中说：“凡都、省、府、县、乡、村，文人不利，不发科甲者，可于甲、巽、丙、丁四字方位上择其吉地，立一文笔尖峰，只要高过别山，即发科甲，或于山上立文笔，或于平地建高塔，皆为文笔峰”。意思是指，在城乡东、东南、南的方位上，选择吉祥之地，建一座最高的塔型建筑，可以使得当地人才辈出。可见，文笔峰、文笔塔或文峰山，作为中国古代兴文运、昌科举的象征，几乎遍及古代中国的每一个城、乡。

广东省东莞市，古以朝山黄岭为文笔锋；

广东省和平县城，有正对的文笔山；

福建省龙岩州治，在锡帽山上建有文笔塔；

福建省惠安县城，有正对的文笔山、登科山；

浙江省奉化县城，有正对的文笔山；

江西省广信府城，在琅琊山上建有文笔塔；

江西省丰城县城，以猴峰为文笔锋；

四川省阆中县城，在东南塔山上建文笔塔；

湖南省宁远县城，以鳌头山为文峰；

……

在外形设计上，现代建筑设计很重视建筑造型，设计中使建筑产生神情。

关于几何因素，意大利有机建筑学派理论家布鲁诺·塞维在《建筑空间论》中，曾概括如下：水平线：当一个人本能地追随一条水平线时，会体验到一种内在感，一种合理性，一种理智。水平线与人们行走的大地相平行，它伴随人们走动，它在人眼的高度上延伸，因此不会产生对其长度的幻觉（“智者乐水”）。

垂直线：是无限性、狂喜、激情的象征。人若要追随一条垂直线，就必须片刻中断其正常观看方向而举目望天。垂直线在空中自行消失，不会遇上障碍或限制，其长度莫测，因此象征崇高的事物（“仁者乐山”）。

直线与曲线：直线代表果断、坚定、有力。曲线代表踌躇、灵活、装饰效果。

螺旋线：象征升腾、超然，摆脱尘世俗务。

立方体：代表完整性，因其尺寸相等，一眼就能把握，因此给观者一种肯定感。

圆：给人以平衡感、控制力，一种掌握全部生活的力量。

球体：球体以及半球形穹窿顶，代表完满、终局确定的规律性。

椭圆形：因为有两个中心，总是令眼睛移动，不得安宁。

各种几何形状的互相渗透：象征着有力和持续的运动。

## 第五节　生态建筑学、景观生态学、环境学与建筑风水

生态建筑学是建立在生态学的基础上，是生态学与建筑学相结合的产物。它所研究的对象就是由于人的建筑活动可引起的环境变化中的一种由人、建筑、自然环境和社会环境所组成的人工生态系统，即建筑（空间）环境，也包括村镇环境和城镇环境等。

其研究目的首先是在已经改革的条件下争取对自然界的最优化关系，以一种新的形式即人、建筑、自然和社会协调发展，利用改造自然环境，顺应和保护自然界的和谐，维护生态平衡，创造适宜人们的生存与行为发展的各种生态建筑环境，即人类的聚落环境，其核心也是风水中所谓的“天人合一”原则。

景观生态学以整个景观为对象，通过能量流、物质流、信息流在地球表层传输和交换，通过生物与非生物的相互转化，研究景观的空间构造，内部功能及各部分之间的相互关系，探讨异质性发生、发展及保持异质性的机理，建立景观的时间模型。景观生态学把景观定义为一个空间异质性的区域，由相互作用的拼块生态系统组成，以相似形式重现景观生态学中的“模地”、“廊道”、“网络”、“结点”等概念，为城市园林绿化系统的整体描述提供了手段，把园林绿化与整体的城市景观整合起来，赋予了新的内涵。而“模地”、“廊道”、“网络”、“结点”又与古代风水中的概念“宝场”、“水”、“气场”、“气口”相对应。

景观建筑学在《朗文当代英语辞典》中定义为：“对一个地区的形象进行规划的职业式艺术，包括道路、建筑物及绿化区域”。

美国生态设计学家托德指出：中国风水共有鲜明的生态实用性。

美国生态建筑学家吉戈兰认为“中国的住宅、村庄和城市设计具有自然和谐并随大自然演变的独特风格。”

“美国建筑师联盟”对其的定义为：“景观建筑学是这样一种专业——将艺术和科学原理应用到自然环境和人工环境的研究规划及管理中”。

一些西方学者认为生态居住社区及生态建筑是在特殊地域内，特殊条件下，创造出一种新型的聚落形式。它“因地制宜”，利用当地有利自然条件，用最经济、最天然的手段达到抵御各种不利因素并获得舒适居住生活空间的目的，进而形成“生态建筑”。它不会与自然宣战，企图征服之，而是顺应自然，融于自然的“文明建筑”。

在中国数千年营造住宅、宫殿、寺庙和陵墓的演变中，中国风水学不仅是关于环境景观优选的理论，而且是满足人们心理和行为需要的天地合一的哲理，是一种宇宙论的解释。为了选择好风水，要观察地理环境的空间形象（诸如地理经脉、水脉、气场等），四季的变化，以及日月星辰的运动规律等，并依据空间和时间的关系，选择最有利的地理时空位置。

西方当代学者对中国风水学理论予以积极的评价，既非无知妄说，更不是好奇非分，也不是简单为着批判西方当代文明弊端而以异质文明作为武器的功利动机所使然。从本质上说，植根中国传统文化浓厚土壤中的风水学理论，揭开其神秘外衣，原本包含着历史的真知，饱涵同当代生物学、物理学、生态学及景观建筑学、生态建筑学的基本取向、原则与方法相吻合的丰富内容。以历史眼光客观地审视和评价，在一定意义上说，当代对人类居住社区和生态建筑学的理想追求，实际上正不啻为中国传统风水学理论追求与自然和谐精神的转世回归和新的升华。

在英国，对中国风水研究较多的还有著名科技史专家李约瑟先生。他在《中国的科学与文明》一书中论及中国建筑与自然的和谐时，就蕴含着对中国建筑文化（包括风水文化）的溢美之辞：“我初从中国回到欧洲，最强烈的印象之一是与天气失去了密切接触的感觉。木格子窗糊以纸张，单薄的抹灰墙壁，每一房间外的空阔走廊，雨水落在庭院和小天井内的淅沥之声，使人温暖的皮袍和炭火——在令人觉得自然的心境，雨呀、雪呀、日光呀等等；在欧洲的房屋中，人完全被孤立在这种境界之外”。相反，中国的建筑则“不能失落它们的风景性质，中国建筑总是与自然调和，而不反大自然”。美国著名城市规划权威专家林奇也认为中国传统风水理论是一门“前途无量学问”，表示要“研究推论”，“谋求发展”。

什么是建筑？现代人将其幽默地称为“住人的机器”！

现代人在建造一座建筑物时，如同工厂生产一部机器。不仅建筑物的施工进度和质量好坏在很大程度上取决于施工设备的先进程度，而且建筑所采用的材料和设备的生产也要求越来越向工程化发展。冬暖夏冷有“空调机”，空气好坏有“通风机”，上下楼有“电梯”，颠倒黑白有“照明器”，与人交往有“电话机”，供水也无需古老的水井，由供水公司提供经过漂白处理的所谓“自来水”，住在现代建筑中的人们似乎越来越远离大自然。因此，住在城市好，还是住在乡村好，就成了人们永远也争论不休的话题。

在西方对“建筑”这个词最具代表性的概括是 J. 罗斯金（1819－1900）和 W. 莫里斯（1834－1896）师徒。罗斯金在《建筑的七盏明灯》的开头给建筑下了这么一个定义：“建筑是门艺术，它这样安排和装饰人们所建造的大厦：不管它是什么用途，它给人的视觉形象，应该带来心理健康、力量和愉快”。

在西方建筑的变革中，产生了五花八门的各种流派。建筑也从单一满足“物质需要”逐渐转向追求“精神需要”。建筑不仅具有“功能”，而且具有“灵魂”。西方从哲学思维到具体科学门类，以至建筑物由确定、明晰、实在走向模糊、混沌和玄学，回归到中国的易变思维轨道上来。

空间环境里的基础科学如下：

亮度环境——研究光在空间环境中形成的视觉亮度及其对人的健康产生影响的规律。

色彩环境——研究光在空间环境中形成的视觉色彩及其对人的健康产生影响的规律。

景观（构成）环境——研究光在空间环境中形成的视觉景观（构成）及其对人的健康产生影响的规律。

声环境——研究声在空间环境中形成的听觉及其对人的健康产生影响的规律。

空气水质环境——研究空间环境中能被人的嗅觉和味觉所感知的空气和水的质量状况及其对人的健康产生影响的规律。

气流气压环境——研究空间环境中形成的气流气压感知及其对人的健康产生影响的规律。

振动环境——研究空间环境中形成的振动感知及其对人的健康产生影响的规律。

温度湿度环境——研究空间环境中形成的温度、湿度感知及其对人的健康产生影响的规律。

不见光环境——研究空间环境中形成的不能够被人的视觉感知的光波（如红外线、紫外线）及其对人的健康产生影响的规律。

不闻声环境——研究空间环境中形成的不能够被人的听觉感知的声波（如次声、超声）及其对人的健康产生影响的规律。

无嗅、无味空气水质环境——研究空间环境中形成的不能够被人的嗅觉和味觉感知的空气和水的质量状况及其对人的健康产生影响的规律。

无觉振动环境——研究空间环境中形成的不能够被人的身觉感知的振动及其对人的健康产生影响的规律。

电环境——研究空间环境中电的存在及其对人的健康产生影响的规律。

磁环境——研究空间环境中磁的存在及其对人的健康产生影响的规律。

射线环境——研究空间环境中放射性物质的存在及其对人的健康产生影响的规律。

万有引力（宇宙力）环境——研究空间环境中万有引力（宇宙力）的存在及其对人的健康产生影响的规律。

方位环境——研究空间环境中方位的变化及其对人的健康产生影响的规律。

空间心理环境——研究人在不同空间环境中的心理变化及其对人的健康产生影响的规律。

不难看出空间环境学研究的内容几乎都和风水的说法有关。

## 第六节　植物在风水中的应用

古人曰："村乡之有树木，犹人之有衣服，稀薄则怯寒。过厚则苦热，此中道理，阴阳要中和。"房屋为阳，植物为阴，恰当的植物对房屋有促进、优化作用。

### 一、风水植物的种类

风水林按其分布特点，可分为挡风林、龙座林、下垫林三种。这三种风水林，实际是好风水最大原则"山环水抱必有气"的一种具体体现：挡风林所起的作用是左右砂环，一般在西北方，龙座林所起的作用是背有靠山、衬托、屏护建筑，下垫林所起的作用是前有朝山（案山），以青翠整齐为吉。

1. 挡风林

挡风林又叫挡煞林，大自然的神秘表现在方方面面，古人称之为"煞气"的东西就是其中之一。据说，这种"煞气"来无影去无踪，防不胜防，它能在不知不觉中致人于死地，只有风水先生有办法识别它、制服它。现在某些人用现代科学来解释它，"所谓'煞气'，大多是寒冷的北风包括西北风和东北风，由于它严寒，容易使人受凉得病，或使病情加重；但是，有一种玄乎其玄的'煞气'，并不是十分寒冷的气流，只是由于处在它的风口上，风口是气流变化很敏感的地点，冷热变化很快，风力时强时弱，风夹着雨，对墓地、墙壁有不可小看的侵蚀力、冲刷力。"前论将"煞气"与寒风等同视之，后论又将"煞气"与气旋混为一谈，都没有切中要害。假如非要将"煞气"同现代科学概念联系在一起，那么我们可以机械地将"煞气"视为一种对人体有害的"磁力线（磁场）"、"射线（离子或粒子流）"等。由于树木对这些物质有阻挡或减弱的作用，所以森林有挡煞的作用。

挡风林，一般种植在盆地的水口之处。山间盆地，在小河或小溪流出或流入的水口方位，就有一个缺口，如果这个缺口在西北方，正是寒冷的冬季风侵入的大门，如果这里不种上风水林，“煞气”便会乘虚而入，必将导致好“风水”跑掉，引起破财或损丁（死人）。同理，若水口在东南，夏季风由这个通道望里劲吹，风带着雨（有时是强度很大的暴雨）造成一次次灾害（山崩、洪水、倒房、伤人等），所以在这个水口也同样需要种上风水林。

2. 龙座林

如果说，挡风林是从水平方向上显示了它的重要性，那么，龙座林（图 4.14、图 4.15）却在垂直方向上表现了它的威力。一座房子建在山坡上，如果后山没有树林。自然被暴雨冲刷得很厉



图 4.14 龙座林图

图 4.15 龙座林

害，四周的风力也很大，有碍于房屋主人一家大小的身心健康；夏天阳光直照，没有树林遮荫，难以调节小气候。于是，风水先生认为要植“龙座林”。龙座林好象故宫金銮殿上有个靠背的龙椅，这样三面环抱的环境自然是幽美的。风水先生的用意很好，名字也很有吸引力，把居家比喻为“龙座”，希望有天子出世，但是却给本来科学的东西蒙上了一层神秘的面纱。

3. 下垫林

建筑在河边、湖畔的房子（或坟墓），虽然后山有“龙座林”，如果没有下垫林，会显得失去庄重，头重脚轻。在山头流水的冲刷之下，还有滑坡、崩塌的危险。风水先生把它取名“下垫林”，名字虽然不雅，但在这个部位植树确也重要。不过，树冠不能太高，不能挡住视野。就象案山不能高过背靠的主山一样，下垫林过高也会有碍风水。应该说，风水林远不止以上三种，如果把范围扩大一点，在坟墓周围种植的树林也应算为风水林，还有种植的结婚林、添丁林、新房林，也都可以称为风水林。

## 二、风水植物的应用

植物，在中国风水学也被看作是一种趋吉化煞的媒介。

在中国的南方，每个村子附近，均保留着一小块青葱林木，多是樟、松、柏、楠等常青树，它们神圣不可侵犯，人们自觉地不去动那里的一草一木，因为它是切关全村风水命脉的地方。这就是所谓的风水树，也叫水口树。水口树一般较高，其实水口树还有消雷的功能，水口树一般不让动，时间也较长，根较深，有吸引雷击、保护房屋的作用。

有些草木被人赋予吉祥的涵义。“桔”与“吉”谐音，盆栽柑桔便成为春节时家庭的摆设。小巧的吉祥草（图 4.16）终年青翠，泥中水中均易繁衍，象征着“吉祥如意”，所以叫它瑞草。椿树（图 4.17）易长而长寿，有的地方盛行摸椿风俗，除夕晚上，让小孩摸树后绕着转几圈，渴望快快长高，有的地方在正月初一早上，让小孩抱着椿树念："椿树椿树你为王，你长粗我长长"。槐树（图 4.18）则被认为代表"禄"，古代朝廷种三槐九棘，公卿大夫坐其下，面对三槐者为三公，后世人在庭院植槐，自古视为祥兆。吉祥图常见鹿口或鹤嘴衔灵芝，用作祝寿礼品。梅花的五片瓣被认为是五个吉祥神，于是有了"梅开五福"图。无患子（图 4.19）尤为受到尊崇，这种落叶乔木，结实内有一核，坚硬如珠，俗名鬼见愁，佛教称"菩提子"，可串作念珠，有之"无患"。竹是高雅脱俗的象征，可作为风水防护林。橘树，果实色泽鲜艳，可增添欢乐气氛。桂树，象征高洁，其芳香四溢，是天然的空气清新剂。石榴（图 4.20），含多子多福的祥兆。枣树，喻早得贵子，凡事早人一步。

图 4.16 吉祥草

图 4.17　椿树

图 4.18　槐树

图 4.19 无患子

图 4.20 石榴

被认为有镇妖祛邪作用的草木就更多了。桃树传为五行之精，能制百鬼，故而过年以桃符悬门上；也有以柳条插门户驱邪的；端午节用菖蒲、艾叶挂门旁，或用艾做成“艾虎”佩带身上，也是为了驱毒避邪；银杏树因在夜间开花，人不得见，传为有阴灵；柏树刚直不阿，被尊为百木之长，传能驱妖孽，坟墓旁多种植柏树；还有茱萸，重阳登高时佩戴，认为可避灾祸。

葫芦被认为是能驱邪的植物，常被人们种植在房前屋后。现代物理测试证明“宝葫芦”形状的器皿能屏蔽各种波的辐射，由此就不难理解八仙之一的张果老为什么用“宝葫芦”装酒了！“宝葫芦”能使酒的味道长久不变。

图 4.21　桉树

也有属于凶光的植物。例如桉树（图 4.21），这种可长到二十多层楼房高的树中“巨人”，不知怎的，以往中青年人不敢栽种，据说是树大人必亡，要植此树只得请老人，反正等到树大时，植树者寿数也差不多了。

把植物与吉凶祸福相联系，是我国建筑风水中的传统民俗，其中的道理正逐步被现代科学所揭示。比如在二氧化硫多的地带，通常栽种女贞树，吸收二氧化硫；通过栽种松树减少人们患咳嗽和哮喘病的可能。

在室内，棕竹（图 4.22）、万年青（图 4.23）、铁树（图 4.24）、橡皮树（图 4.25）、发财树（图 4.26），又作为聚气吉祥的植物；而仙人掌、仙人球、枸骨（图 4.27）、玉麒麟（图 4.28）等作为室内摆布的化煞植物，用于抵挡煞气，这类植物一般为干茎或花叶带刺。

图 4.22 棕竹

图 4.23　万年青

图 4.24　铁树

图 4.25　橡皮树

图 4.26　发财树

图 4.27　枸骨

图 4.28　玉麒麟

植物要保持生气，出现枯萎、败叶、败枝的植物对室内风水不利。

植物在装饰中的作用：

①放在尖角处化煞；

②放在走廊两边使气流不致运动过快；

③放在角落里使停滞的空气活动起来。

## 三、风水植物的作用

1. 植物有灵性

科学测定证明，植物有语言，有情绪，有喜怒哀乐。当折其枝条时，它会释放出愤怒的波，奏乐、浇水时，它会发出和悦的波。天台山南华寺有一种紫微植物，当人们抚摸时，它的枝叶会摆动不止。美国的巴克斯特对 25 种不同的植物进行试验后，提出植物具有“超感观知觉”的功能。曾给科学界带来爆炸性的启示。试验认为，植物有“记忆”，有感应，有对环境作出反应的超人能力。橡树在伐木工人到来时会自行爆炸，胡萝卜在田里见到兔子就会惊颤不已。类似棕榈的龙舌兰，在电流上试验出，它能反映试验人的心理感情。甚至追踪其主人的每天安危和喜怒。（载《植物的特异功能》彼德·汤普金斯、克斯托夫·伯底著）

植物之间，植物与人之间经常存在一种生物场。

植物能预报信息，不仅有些植物能预报自然灾害（地震、干旱、水灾），而且有些植物能预报社会灾害。中国抗日战争民族危难时期，各地竹子自杀性地大量开花（白花开后即自行枯死）；20 世纪 80 年代末江淮发洪水，当年春季洪水前，当地竹子也开了花，应了当地民谚“竹子开花，洪水到家”的说法，预报了夏秋的水灾。

植物是有气场的。修炼气功的人知道，常对树木采气时，一般不对幼树围采，当集体围树采气之后，会见到树木呈疲惫的倦态，树叶下垂。

2. 植物分阴阳

植物有阴阳属性（表 4.3）。喜阳的植物，如植（置）于阴湿的环境，则体弱、无花、无果或死亡。如白兰、玫瑰、茉莉、梅花、牡丹、芍药、杜鹃、菊花等，这类植物须得 1800 个勒克斯光照度才能正常发育。而文竹、龟背竹、万年青、绿萝、蓬莱松、巴西铁树等，在 100 个勒克斯光照度条件下，亦能正常生长，此类植物可长期置于室内或阴暗处，属于阴性植物。

**表 4.3　各地常用园林植物阴阳属性参考表**

| 中文名 | 适生地区 | 生态习性 | 阴阳属性 | 园林用途 |
|---|---|---|---|---|
| 紫杉 | 辽宁、吉林 | 耐寒 | 阴性 | 孤植点景、绿篱 |
| 油松 | 东北、华北、西北、川 | 耐寒、耐旱、耐碱 | 阳性 | 庭荫、行道、防护 |
| 黑松 | 鲁、苏、浙、皖 | 耐潮风 | 阳性 | 庭荫、行道 |
| 雪松 | 华北、川、鄂、甘、苏 | 不耐烟尘、不耐湿 | 阳性 | 孤植、片植、防风、固土 |
| 冷杉 | 川 | 耐阴 | 阳性 | 孤植点景 |
| 侧柏 | 华北以南 | 耐湿耐旱，耐烟尘 | 阳性 | 庭荫、行道、绿篱、防护 |
| 桧柏 | 全国 | 耐烟尘 | 阴性 | 孤植、行道、绿篱、防护 |
| 广玉兰 | 长江、珠江流域 | 耐烟尘 | 阳性 | 庭荫、行道树 |
| 樟树 | 长江、珠江流域 | 耐涝、耐风 | 阴性 | 庭荫、行道 |
| 柑桔 | 长江南 | 耐湿 | 阳性 | 庭荫 |
| 芒果 | 华南、台湾 | 耐海水、耐硫 | 阳性 | 庭荫 |
| 棕榈 | 长江南 | 耐烟尘 | 阳性 | 庭荫、景点续表 |

续表

| 中文名 | 适生地区 | 生态习性 | 阴阳属性 | 园林用途 |
|---|---|---|---|---|
| 银杏 | 华北以南 | 耐旱 | 阳性 | 庭荫、行道 |
| 银白杨 | 华北、西北、东北 | 耐旱 | 阳性 | 庭荫、行道、防护 |
| 钻天杨 | 华北、西北、东北 | 耐烟尘 | 阳性 | 行道、防护 |
| 小叶杨 | 东北、华北、华中 | 耐风沙 | 阳性 | 庭荫、行道、防护 |
| 垂柳 | 华南 | 耐湿 | 阳性 | 庭荫、行道、水畔 |
| 榆树 | 全国 | 耐旱、耐湿、耐烟尘 | 阳性 | 庭荫、行道、防护 |
| 海棠 | 东北、华北、西北 | 耐旱 | 阳性 | 庭荫 |
| 桃 | 全国 | 耐荫 | 阳性 | 庭荫 |
| 梅 | 黄河以南 | 耐微寒 | 阳性 | 庭荫 |
| 槐树 | 全国 | 耐荫、耐烟尘 | 阳性 | 庭荫、行道、防护 |
| 梧桐 | 华北以南 | 耐烟尘 | 阳性 | 孤植、行道、防护 |
| 泡桐 | 辽、粤之间 | 耐烟尘 | 阳性 | 庭荫、行道、防护 |
| 柽柳 | 冀以南 | 耐盐碱、耐旱、耐风沙 | 阳性 | 庭荫、绿篱、防护 |
| 桂花 | 黄河以南 | 耐湿 | 阳性 | 庭荫、丛植 |
| 扶桑 | 华南 | 耐荫 | 阳性 | 庭植、花篱 |
| 牡丹 | 华北、西北 | 耐旱 | 阳性 | 庭植、园植 |
| 月季 | 华北以南 | 耐荫 | 阳性 | 庭植、花坛 |
| 紫荆 | 华北以南 | 耐荫 | 阳性 | 庭植 |
| 木槿 | 全国 | 耐荫、抗烟 | 阳性 | 庭植、防护 |

续表

| 中文名 | 适生地区 | 生态习性 | 阴阳属性 | 园林用途 |
| --- | --- | --- | --- | --- |
| 石榴 | 长江南 | 抗尘 | 阳性 | 庭植、盆栽 |
| 爬山虎 | 全国 | 耐烟尘 | 阴性 | 攀缘山石、墙壁 |
| 常春藤 | 华中、华南 | 耐荫 | 阴性 | 攀缘山石、墙壁 |

开花结果的植物，喜欢异性同栽，不宜同性片植或孤栽。孤阳不生，孤阴不长。如银杏树、雌雄同栽，方结白果。苹果树孤栽减产，已为果农常识。君子兰，人称其为“君子”，在于不“乱伦”，不俗色取宠，十月结籽实如同人类的“十月怀胎”，一时事养不周，断绝润水，也不枯萎，脱俗入雅，没有“小人气”，被视为植物中的“君子人”，是高度进化的结果。其进化来自异花授粉，其花虽系雌雄同体，在蕊萼上长有雄蕊、雌蕊，可自行授粉，亦可异株互相授粉，而自授者不结籽（自行脱落），只有异株的雄蕊授粉方可结籽，确保了君子兰一代一代的壮美。粮食作物的玉米，阴阳成对互生籽粒，故皆为偶数行粒，或 14 行、16 行、18 行，绝无奇数之例。植物的阴阳属性，是广泛存在的。

3. 植物与四方五行

植物与人也存在生克关系。如孕妇宅旁怕榕树，因树气味促呕，民谚有“榕树不容人”，榕树根的气场对人不利，不宜近宅。葡萄架下不宜睡卧，气场不利于人体。民谚有“东种桃柳，西种榆，南种梅枣，北杏梨”，又有“宅后有榆，百鬼迁移”，“白兰屋前种，美花香气送”及“向阳石榴红似火，背阴李子酸掉颚”等说法。东方宜放置的植物：玉兰、柳树、樱桃、印度杜鹃花、欧丁香、香忍冬和山茶花。南方宜放置的植物：枫树、花楸果树、扁桃、桃树、洋李、紫藤、玫瑰、栀子和铁线莲。北方宜放置的植物：玉兰、苹果树、梨树、绣球和牡丹。

东晋诗人陶渊明辞官隐居的住宅，题诗曰“榆柳荫后檐，桃李罗堂前”。无数的民谚和诗文，都是对植物与环境的适宜与否及其生克关系（表 4.4）经验总结的口碑文载，应加以研究和借鉴。住宅的西北方最好有棵大树，西北为乾，树有树精，可以保护住宅主人。但并不是所有的树都属于好风水，古人总结的论树歌决如下：

①树木弯抱，清闲享福。②门前桃杏，贪花酗酒。
③门对垂柳，被髯悬梁。④独树当门，寡母孤孙。
⑤桃株向门，荫庇后昆。⑥门对林中，灾病多凶。
⑦门前双树，畜伤人愈。⑧独树平秃，二姓不睦。
⑨大树古怪，气痛名败。⑩高树般齐，早步云梯。
⑪树下肿根，聋盲病昏。⑫竹木回环，家足衣绿。
⑬大树枕帝，必多惊惶。⑭左树右无，吉少凶多。
⑮右树红花，娇媚倾家。⑯右树重抱，财禄长保。
⑰树屈驼背，丁财俱退。⑱枯树当门，火灾死人。
⑲树枝藤缠，悬梁翻船。⑳屋顶枯树，必出寡妇。
㉑大树压门，无女少男。㉒果树披左，杂病痰火。
㉓树头向外，必遭徒罪。㉔树头垂水，必招人溺。
㉕两树夹屋，定丧骨肉。㉖树似伏牛，孀居病多。
㉗蕉树常前，寡妇堪怜。㉘门前有槐，荣贵丰财。
㉙前有死树，失财倒路。

卧室宜选用的植物：玫瑰、晚香玉、百合、马蹄莲、兰花，达到宁静、安详、温和之效果。在香花下夫妇和美，儿童宁静，易入睡而休息很好。

客厅宜选用的植物：富贵竹、蓬莱松、罗汉松、七叶莲、棕竹、发财树、君子兰、球兰、兰花、仙客来、柑橘、巢蕨、龙血树等，可吉祥如意、聚财发福。

书房宜选用的植物：山竹花、文竹、富贵竹等，这些植物可加强人的思维能力，有利于学习，要放在主人的文昌位上。

餐厅宜选用的植物：黄玫瑰、黄康乃馨等，以橘黄色为主，增加食欲，促进身体健康。

阳台宜选用的植物：茉莉、菊花、君子兰、海棠、西番莲、文竹兰、石竹、秋海棠、太阳花、米兰、桂花、蟹爪兰等。摆放时要将阳性的靠近阳光，阴性的放在其后，采光各得其所。

表 4.4 植物配五行、八卦简表

| | | | |
|---|---|---|---|
| 水 | 坎 | 一白 | 梅花、茶花、紫藤花、水仙、贯仲、莲花、水草、浮萍、海藻、桃、李、枣及有刺植物 |
| 土 | 坤 | 二黑 | 蕨类、草类、棉花、葵花 |
| 木 | 震 | 三碧 | 豆类、果蔬、玉米、高粱、大树 |
| | 巽 | 四绿 | 百合、茉莉、兰蕙、藤蔓、香椿 |
| | | 五黄 | 菌类、毒药、有毒植物 |
| 金 | 乾 | 六白 | 菊、梅、梨、橙、石榴、龙眼、荔枝 |
| | 兑 | 七赤 | 胡桃、葱、蒜、辛辣植物 |
| 土 | 艮 | 八白 | 薯类、豆科、瓜类、草坪 |
| 火 | 离 | 九紫 | 鲜花卉、紫荆、玫瑰、蔷薇、莲花 |

总之，街坊宅旁绿地规划，应注意运用植物的灵性、植物的阴阳属性、植物与人、植物与环境以及植物之间克制的五行关系，不仅力求环境美观，而且注意发挥植物的功能，为居民创造良好的风水环境。

4. 绿化环境

风水术主张在阳宅周围植树：广陌局散，非有护障不足以护生机；山谷风重，非有树障不足以御寒气。草木繁盛则生气旺盛，护荫地脉，斯为富贵坦局。东植桃杨，南植梅枣，西栽槐榆，北栽杏李，大吉大利。壬子癸丑方种柘树，寅甲卯乙方种松柏树，丙午丁未方宜种杨柳树，申庚酉辛方宜种石榴树。俗语云：“树木弯弯，清闲享福；桃株向门，荫庇后昆；高树般齐，早步云梯；

竹木回环，家足衣绿；门前有槐，荣贵丰财。

5. 植物形态有吉凶

（1）树干忌立于门、窗前。滋养人居环境的宇宙能量，以微波形态不断作用于房宅，门窗是主要纳气之口，微波试验证明，细小的一根针立于微波天线纳气（波）之口处，即出现驻波干扰。由此观之，传统的风水观念忌在门、窗前立杆立树，不仅是经验统计学上的，也是科学上的正确认识。而用约定俗成的说法是，“门”中“木”谓之“闲”字，是用汉字归纳的简易流传形式加以提示，利于记忆。其他还有“口”中“木”为“困”字等，即在庭院中心忌立树木。“荫者阴也”，庭荫树立于庭院中心，呈阴压阳地，多避忌，庭院是一个太极，庭心是太极的“天心”，是穴位，是崇阳的，不可长期阴压。

（2）行道树、绿篱走向忌冲向房宅。可能造成煞气冲向的信息引导，不利于居住。

（3）忌大树遮门窗。不利于通风采光，树荫属阴。

（4）忌大树下建小屋。有“屋在大树下，灾病常到家”之说（《阳宅十书》），常年处于荫阴之地，不利于采光卫生，又易引雷火。

（5）其他意象不吉形态的树忌在门、窗视野常见处。如痈肿怪树、朽枯空心树、藤缠“缢颈树”、歪头倾斜树等。这些形态的树具有形象上的符咒隐语引导的不吉利的意象，不宜作宅旁绿化用。

6. 植物的种植分等级

东汉班固《白虎通·崩薨》云：“天子坟高三仞（一仞八尺），树以松；诸侯半之树以柏；大夫八尺树以栾；士四尺；树以槐；至于庶人，不封不树。”原因之一，地位的象征。第二，是作为坟墓的标志。如：“古之葬者，松柏梧桐以张坟。”第三，松柏有驱鬼辟邪之说。到了汉代人物开始崇拜植物，认为松柏是避邪之物。

7. 植物与健康

榆树生长速度快，种于宅西、宅北可防风御寒。榆树还可以吸附毒气、烟尘的功效，能净化空气、保护环境。

菊花中含环酮龙脑等挥发性芳香物质，有清热祛风、平肝、明目等功效，并且外形优美，赏心悦目，怡情养神。

松柏树有守护的含义，有种在陵园、纪念碑等庄严的场所，也可放在办公楼等位置，但由于松柏大多在公墓、陵园处较多，因此人们从心理暗示的角度不太愿把松柏种在别墅、商店周围。

松柏其实对生物都有益的，松树散发的臭氧可杀死结核病菌。柏树可释放对人体有益的挥发油。

室内不宜的植物：

万年青、黄金葛、喜树蕉等作为装饰品种，要避免晚上呼出二氧化碳影响家人健康。

夜来香虽然可以赶蚊子，但它放出的异香气味，会使高血压和患心脏病的人感到不舒服。

玉绣球，花虽硕大，但会引起过敏等。

夹竹桃、黄白夹竹桃、洋金花（曼佗罗花）：这些花有毒，对人体健康不利。如夹竹桃被称为“低水准的迷幻药”，其中，花树都含成分类似洋地黄的强心苷，久闻会造成心律加快，并会引起幻觉、晕厥等中枢神经症状。

郁金香：含毒碱，连续接触两个小时以上会头晕。

含羞草：有毒碱，经常接触会引起毛发脱落。

最具疗效的植物：

虎尾兰和吊兰，可吸收室内80％以上多种有害气体，尤其是吸收甲醛的能力超强。

芦荟可以吸收1立方米空气中所含的90％的甲醛。

虎皮兰、虎尾兰、龙舌兰已及褐毛掌、矮兰伽蓝菜、条纹伽蓝菜、阔叶景兰、杯状落根草、凤梨树、花叶芋等能在夜间净化空气，而且容易打理、生长茂盛。

养花同时也要注意有毒害的品种：

玉丁香：花色纯白、气味芳香，是家庭常养的盆花之一。但是它的花香对人体的神经系统有明显的刺激作用，长时间接触，可引起过敏性或刺激性气喘、咳嗽、烦躁不适等不良感觉。有时还可以引起神经衰弱、失眠、记忆力减弱等病。因此这种花不宜放在卧室内。

含羞草：外观楚楚动人，逗人喜欢。但它的杆株内含有一种叫做含羞碱的毒素，过多接触会使人毛发脱落。

郁金香：花儿美，色彩艳丽。有人做过实验，人们在大片花丛中玩上两个小时左右，就会发生头晕头疼等症状，导致血压升高，心条加快，有出现类似感冒的现象。出现中毒的原因是因为花内含有一种毒碱。

另外，象兰花、百合等，观赏或接触过多，会使人恶心，眩目或精神萎靡、乏力、气喘；洋乡球、五色梅等能使人产生过敏反应，松柏类植物在高温下发出浓郁的松香，会使人感到郁闷不适，并影响人的食欲；还有象一品红、花叶万年青等花卉，倘若不慎被人误食，可能有不死即残的严重后果。

室内摆放吊兰、文竹、龟背竹，能吸收室内的二氧化碳、二氧化硫、甲醛等有害气体，消除、减少空气中的化学污染，抵抗微生物的侵害。

室内宜摆放黄金葛、芦荟、吊兰、虎尾兰、一叶兰、龟背竹等植物。有研究表明，虎尾兰和吊兰可以吸收室内80%以上多种有害气体，尤其是吸收甲醛的能力超强。芦荟也是吸收甲醛的个中好手，可以吸收1立方米空气中所含的90%的甲醛。虎皮兰、虎尾兰、龙舌兰以及褐毛掌、矮兰伽蓝菜、条纹伽蓝菜、景天、杯状落地生根、观赏凤梨、花叶芋等植物能在夜间净化空气，而且很容易打理。

玫瑰、紫罗兰、茉莉、蔷薇、石竹、铃兰、紫薇等花卉适宜摆放在室内，这些花卉产生的挥发性油类具有显著的杀菌作用。紫薇、茉莉、柠檬等植物5分钟内就可以杀死原生菌，如白喉菌和痢疾菌等。

在众多的能净化室内空气的花卉中，美国国家航空及太空总署的环境专家比尔·沃尔弗顿经过反复对比实验，选中了朴实无华的吊兰，因为吊兰吸收空气中有毒化学物质的能力在所有实验植物中首屈一指，效果甚至超过空气过滤器。房间里只要放一盆吊兰、一簇簇黄绿相间的叶子，在24小时内便会神奇地将室内环境中的一氧化碳、过氧化氮和其他挥发性气体“吞食”得精光，并将它们输送到根部，经土壤里的微生物分解成无害物质后作为养料吸收了。这也许是因为吊兰由于大量生长新叶的需要，因而从空气中拼命吸收营养物之故。

## 第七节　中国古代建筑的“风水过白”

在中国传统建筑中，有一种典型的处理手法，叫“风水过白”。“风水过白”在风水形势说基本原理指导下，在处理组群性建筑空间序列中，利用近景建筑或其他景物，形成视线方向上的中景或远景画面（图4.29）。除了“夹景”外，“风水过白”还惯用“框景”，可以说和现代景观建筑学有同工之处。

1.“过白”具有建筑意义

北方建筑庭院面积较大，以利于纳阳取暖；南方建筑庭院面积较小，以遮阳避雨。庭院大小是由风水“过白”控制的，“过白高度”决定着庭院面积，这便是中国南北传统建筑的主要差别之一。

2.“过白”具有宗教学意义

过白的观测起点，往往是神龛、香炉的安放位置。在中国传统思维中，神龛、香炉被视为人间与天上的联系物。人间供奉的神、佛像或祖先牌位是理想的神、佛、祖先的象征物，这些象征物要与天上沟通才有效力，这种沟通就靠香炉及其香火。

3.“过白”具有风水学涵义

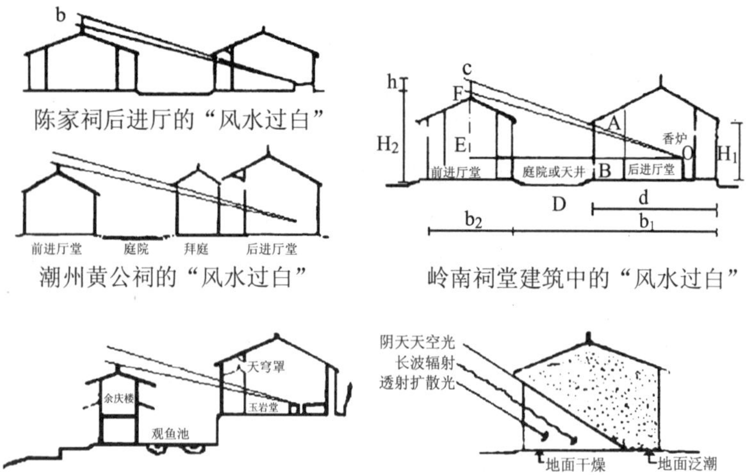


陈家祠后进厅的“风水过白”

潮州黄公祠的“风水过白”

岭南祠堂建筑中的“风水过白”

广州萝岗玉岩书院玉岩堂的“风水过白”

阴天天空光的防潮效应

**图 4.29　“风水过白”处理手法**

《易经·系辞传》上说“日月之道，贞明者也”，中国文化实际上是日月之道。

4. “过白”具有物理学意义

在无光线照射的地面，必须产生“泛潮”现象，控制和调整“过白”具有防潮效应。

5. “过白”具有建筑景观意义

“过白”手法的外延构成了中国建筑形式多样的“过白景框”，其常用处理手法是“框景”和“夹景”。框景，就是利用近景建筑或其他景物，在视线方向上的中景或远景画面周边，形成完整围合的画框或景框，并留出适当的天地空间，使画面构图完美。

图 4.30 太和殿的“风水过白”

“风水过白”所形成的丰富多样的“完形”框景，构成了中国传统建筑景物层次、远近对比、内外虚实的美妙画境（图4.30、图4.31）。实现了“近相住形，虽百端而未已”，“远以观势，虽略而真”，使建筑环境中近形的丰姿与远势的气概巧妙融会、相得相济、出神入化，予人丰富的视觉艺术感受。

“过白”观赏点的选定，灵活变通，丰富多样。选在建筑空间序列上的行进起止点、转折点或交汇点，如室内望室外的很多站点，脊檩、金檩、分心石、门槛、台明边等，或选在室外建筑轴线的交汇点，如道路、流水、桥座、月台、庭院、广场、踏跺等处。框景中的画面要完整，不能为景框所夺、所逼、所压，还要留出一线天际空间。“过白”一语的“过”与“白”形象地强调了其中的含义。

“风水过白”框景的艺术处理，是中国建筑家匠心独具的经验产物。因历史的原因，其中的风水科学内涵未能很好发掘，尽管

图 4.31　苏州园林中的“风水过白”

在现代建筑中也时常采用，但始终不得要领，实在是一件遗憾的事情。

中国传统建筑的“过白”处理手法集文化和科学于一炉。“过白”的宗教学意义构筑了中国人的文化氛围；“过白”的建筑学意义有效地调整和控制建筑物的间距；“过白”的风水学意义实现了“阴阳平衡”；“过白”的物理学意义防范了厅堂院落地面“泛潮”；“过白”的建筑景观意义创造了中国建筑有如中国绘画一般的自然美感。按照中国风水学的理论，“气”是一种“光”、“场”、“波”，也就是这里所说的“白”。“过白”就是中国传统建筑的院落围合空间内“积聚”的“气”，根据建筑物的功能，朝向、标高来调整或控制“过白高度”，达到阴阳转化和平衡，改善院落厅堂的光、热环境。这是中国易理“阴阳平衡”观点在建筑中的独创科学运用，具有极高的实用价值。

江苏同里退思园中，与坐春望月楼相对的有迎宾居、岁寒居

(图 4.32)，园主当年曾于此以文会友，陶冶性情。岁寒居宜于冬日赏景，风雪之时，三五好友围炉品茗，透过居室花窗，可见潇洒清幽的腊梅，挺拔坚毅的苍松，清骨神秀的翠竹，天成一幅“岁寒三友图”，从中亦能悟得雪压青松之韵，听得翠竹敲窗之音，静中有动，声情并茂。这是运用“风水过白”的成功范例。

随着人们对视觉、景观的要求越来越高，把视觉感觉作为房地产的一个重要构成因素，大家越来越觉得要住“看得见风景的房间”。在广东等沿海发达的高档宾馆、海景房、山景房、街景房、价格差异很大。房地产楼盘及装饰效果的设计方案，也较讲究三维的视觉效果，这一切也可以说是“风水过白”理论的延续。

图 4.32　岁寒居

# 第八节　风水理论对现代建筑的借鉴

现代建筑设计的很多原则实际上已经传承了许多古代风水理论的精华。《黄帝宅经》说："宅有五虚令人贫耗，五实令人富贵。宅大人少一虚，宅门大内小二虚，墙院不完三虚，井灶不处四虚，宅地多屋少庭院广五虚；宅小人多一实，宅大门小二实，墙院完全在三实，宅小六畜多四实，宅水沟东南流五实"。总之，"治宅极宜壮实"，"位次重叠，深远浓厚吉"，"恒令清洁吉"。

总结古代风水理论，对现代建筑设计有参考借鉴价值的有以下方面：

（1）面南而居。在北半球适用，在南半球即面北而居，取之对阳光的要求。

（2）居高不下。择高而建的原则，便于排水等因素，民间住家往往追求比邻里高一砖地坪的传统要求。

（3）和风和气，避免急风。保证窗户的通风要求，保持室内空气的清新。

（4）气口流畅。风水的气口指村口，主入口。如小区指小区大门口的位置，是否方便合理，避免单行道，道路避免堵塞、拥挤。

一般而言，古时候三合院、四合院式的建筑，或是今天的很多公司、工厂、学校的房舍建筑，喜欢讲究大门的气派，将大门建得雄伟高大，以示豪华壮观。这种门通常都是开在房舍前面的正中央部分，如果门开得太高大，尤其高出房屋或墙壁太多，都会有不利的影响。古人认为："门高胜于房，必定损人丁，门高胜于壁，其家多哭泣"。主大门避免与他家的门相对，"两家门相对，必有一家退，两家门相冲，必有一家凶"。

（5）顺势而下。建筑物不张扬，"藏形于势"，尊重原有建筑物和原有周边建筑物风格、外形不冲突。如作商店应与周围风格相同，不讲求格外与众不同。

(6) 适中原则。符合风水“适中”原则，避免“孤阳煞及耳房煞”。《阳宅十书》认为“若大形不善，总内形得法，终不全吉，故论宅外形第一”。

不过依照堪舆学的理论来说，房屋太高、太阔或太深也都不适宜。因为房屋太高，易受风吹，住在其间日久会受到许多伤害(是指平房建得太高而言)；而房屋过于宽阔则气散，气散不聚则家不易兴旺；如果房屋太深长，则房内过于阴暗，阴气太盛，则对住人健康会有不利影响。现在都市建筑，讲究空间的充分利用，楼层空间高度过于低矮，住进去常有逼迫局促的感觉，住久了也会有不利的影响。设计建筑是为了维护人们的建筑舒通，高度应当适高才好。

(7) 绿化配套原则。风水理论上认为建筑物为阳，植物为阴，植物的配套有阴阳平衡的要求，风水上认为植物不是越多越好，阴气太足对人同样有伤害。

(8) 前朱雀，后玄武，左青龙，右白虎原则。如小区选房，宜选小区环境中心北面的楼房，而此房后有较高的楼房，两侧有房的格局。

(9) “千尺为势，百尺为形”的原则。房屋的尺寸不宜过大，符合人性化的要求。

(10) 用地方正，平坦，避免“三角地”、“馒头地”、“囚笼地”、“悬崖地”、“斜坡地”。

“三角地”不宜规划，气场不稳。“馒头地”中间高四周低，稳定性差，“囚笼地”中间低四周高，通风不好，排水不畅。“悬崖地”是悬崖边上的土地，宜受山体滑坡、泥石流的影响。“斜坡地”地势不平，斜坡上建房，由于斜坡上有向下或向上的势能，违背风水的平衡原则。

(11) “三要”、“六事”原则。“三要”、“六事”即宅门、厅堂、居室、井、灶、路、厕、仓、碾磨、畜圈等布置得宜、尺寸合度为吉。现代的“三要”指门、主卧室、厨房，“六事”指厕所、车库、书房、门厅、小孩房，院落或阳台。

（12）人均面积合适。人均空气的要求最低限，层高 2.7 米的房屋，每个人的空气要求房屋面积 16 平方米左右。人均面积过大会造成有些房间长年不用，滋生病菌，增强“阴气”。《皇帝宅经》上“宅小人多一实，宅大人小一虚”。汉代大儒董仲舒在《春秋繁露》中说“高台多阳，广室多阴，故人弗为，适中而已矣。”

有许多人为了享受宽敞舒适的环境，只要条件允许便尽量选择宽阔的住宅。其实房屋够住就好，如果家中人少，而房屋太大、房间太多，古人称之为“宅胜人”，人居其中会有孤寂的感觉，而且家道不会兴旺。古代土木兴建，讲求“计可营造”。

如果房屋稍微小一点，人多，住起来觉得人气非常兴旺，古人便认为这是“人克宅”，居之大吉。也许是因为“房间总是少一间”，促使全家人的努力奋发，家道当然会兴旺发达了。港台地区的一些风水师强调人均居住面积原则上每人不宜超过 50 平方米。

（13）原房屋的土质，地质要求。

（14）避“冲”。避路冲、水冲、桥冲、屋角冲，避衙前庙后。

（15）人文要求。现代房地产价格表明，在高校区的住宅价格普遍比其他地区的住宅价格高 20％～30％。建筑选址时，要考虑到本地区的人员文化素质的整体水平。

（16）安全要求。门口道路是否为事故多发地，本地区社会治安是否良好。

（17）平面适中原则。是否靠商场、靠公园、靠学校、靠办公地。

（18）历史因素考虑。原地基是否为良田，或是老住宅区。有时房子的风水很好，但事业发展却十分不顺，无故地和顾客起冲突，甚至商店倒闭，连自己都觉得不可思议。因为不断的开发，土地越来越少，所以以前的祠堂、宗庙也消失，而成为建地之用，虽然时间一久，人们会忘记它原来的用途，可是本来在此的祠堂、宗庙、古战场、刑场，地缘关系并不会发生变化，就有前述不良的凶相发生。因此在买土地或房屋前，先查清土地的渊源是十分重要的。

（19）景观生态原则。随着三维效果的出现，对古代“风水过白”的要求现在越来越重视。景观本来就是对美的要求，因此濒临大海的建筑可设计成贝壳状，悉尼歌剧院圆形建筑，使人联想到水分子（图 4.33）。

图 4.33 悉尼歌剧院

古人谈论房屋住宅是否生旺或退败，往往以屋宇外表加以辨别论断，所以有所谓观宅之气色，而辨其生旺退败之说法。即看见房屋如果气色光明、精彩润泽，则判断其家必定兴旺发达；如果见到房屋气色暗淡、灰颓寂寞，则认为其家必定退败衰落，这是把房屋当作一个人来看的。因为从面相学上说：一个人的气色可以判断个人的运气好坏，如果气色红润、神采飞扬，此人凡事顺利得意；相反，如果脸色灰黯、神情沮丧，运气一定不好，不是失意便是破财。以观人气色的方法来辨房屋住宅气色而论吉凶，在今天，无论乡村屋宇或都市的高楼大厦，要看得准确，都很困难。

但就纯屋宇的外形景观，对于人的影响仍然极为重大。一般而言，在古时宅书中所强调的屋宇总以方正平衡，一眼看到令人觉得舒适愉快为佳。屋形端正肃穆、气象豪迈、整齐为吉利住宅。一栋好房子一定上下左右都很均衡，太高、太宽阔或过于低矮、卑小，都不是好房子。过于低矮、卑小，不但看起来不雅观，而且住起来也不舒适，住在其间，身心都会受到不良影响，当然不会是理想好住宅。

（20）水流考虑。要“玉带缠腰”，非“镰刀斩腰”、非“割脚水”。

（21）避“电磁煞”、“声音煞”、“恶味煞”、“穿心煞”、“光线煞”等各种煞。

（22）理法、日法的要求。可以兼顾“东西命”、“九星飞宫法”、“五音法”、“八卦吉位”等作为参考。

漫步在北京的胡同里，可以看到两侧各排列着一系列的门，这些门是院子的“街门”，而这些门都是开在左前方的，这是按坐在正房中面南而言的，胡同北侧的门就开在院子的东南角，胡同南侧的门就开在院子的西北角，分别是“八卦”中的“巽”位和“乾”位，在风水中都是吉位。

（23）避免废址的原则。废址为什么要躲避呢？因为此地之所以成为废址，无人居住，不外乎这几个原因：1. 火灾；2. 水灾；3. 瘟疫；4. 盗贼横行；5. 土地瘠薄，沙化、干旱，无法从事生产。前车之辙，后车之鉴，既然前人在此居住已成废墟，后人还是不住为好。古监狱、古战场，必然有不少人在此死亡，从心理上说，住这种地方不踏实；挖别人的主坟盖房子不道德，不可取；门前道路多，人来人往，很不安全；流水冲屋脊，一旦洪水爆发，很不安全；三阳不照之地，阴森潮湿，不宜居住；家近深潭深塘，不利儿童的安全；八风交吹的地方，连动物都不住，植物也长不好，自然不宜人居住；土色焦枯不生草木的地方，无法搞生产，人居住不下去；烂泥地的生态环境差，更不宜居住。至于五箭之地，也因生态环境不好，不宜人居。由此可见，风水学说提出的选择都城、市镇、民居地址的理论和标准大多数是实践经验的总结，符合地理学的科学原理，包含着宝贵的地理科学知识。

## 第九节　风水中的各种“煞”

在风水中，有一种奇特的现象，由于人们无法正确认识自然现象或自然规律，因而产生恐怖等，就往往归结为“神煞”等迷信现象，但实际上是有原因的。

风水的“迷信现象”大体可以分为两类：一是，以自然现象为基础，这部分内容占“迷信现象”的大部分，这是人们大量生活观察的必然结果，大部分可以用现代科学解释，虽然其提法具有浓重的迷信色彩；二是，以民俗现象为主，但也确实存在少量的真正迷信成分，这是应该坚决取缔与打击的。

1. 天斩煞

天斩煞是指两幢高楼大厦之间的一条狭窄空隙，因为仿佛是刀从半空斩成两半，故此称为天斩煞。古人非常忌讳它，说倘若房屋面对“楼隙”，很可能会有血光之灾，并且空隙愈窄长便愈凶，距离愈近便愈险。中国风水学中的“天堑煞”，是指在两座高物之间隙缝中，风疾气不聚，鸟不作巢，人不可居（图 4.34)。城市街道如果很窄，而两侧建筑加高，也会形成天堑煞。经测定，单面高层建筑接受风吹后，其反射的反激风风速扩大 5 倍，而两幢高层夹缝中的反激风竟扩大 10 倍。美国罗斯小姐因走在高层夹缝的街道上被反激风刮起摔伤而诉讼建筑师的案例，说明中国风水学理论的价值。如果街道两侧建筑在一条红线上争相加高，空间挤压，在风水学上无疑是有害的，从采光的因素上也是不利的。而风水学的生气、煞气的考量尚不止太阳一个因素，它含有太阳、月亮、星宿、时间、地貌等时空因素。街道空间，如果没有良好的法律、法规制约，是危险的。古代没有高楼，只有平房的楼隙，或者山区的“一线天”。

图 4.34　天斩煞

这个问题可以用巷道模型模拟计算，结构示意如图 4.35。$x$ 表示楼隙长度，$y$ 表示楼隙的宽度，$r_0$ 为中心宽度，图 4.36 为紊流切应力与宽度示意图，$Re$ 为雷诺系数。从图 4.37 可以看出，楼隙的中间部分的风切应力最大，也就是对人体的危害最大；同时根据伯努力连续流体介质原理有 $v_1A_1=v_2A_2$，$v_1$、$v_2$ 为风速，

$A_1$、$A_2$ 为截面面积，如果楼隙外面的面积 $A_1$ 远大于楼隙中面积 $A_2$，则虽然楼隙外面的风速 $v_1$ 很小，但楼隙风速 $v_2$ 也会很大。长期的风力作用同时夹杂污染的空气、灰尘等对身体是不利的。

天斩煞也许是古人的经验总结吧，借以引起人们的注意，是有合理内涵的。但并非所有风水师都能认识到这一点，譬如有的风水师要求在门前挂八卦镜、葫芦或石狮等，这显然是没有办法避免“天斩煞”的，但是古人在遇到这种情况时在门前做堵墙或挂门帘屏风确实是有效的办法。

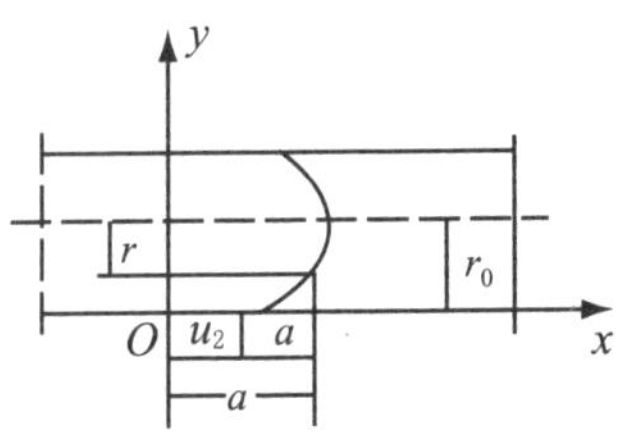


图 4.35 天斩煞模型示意图

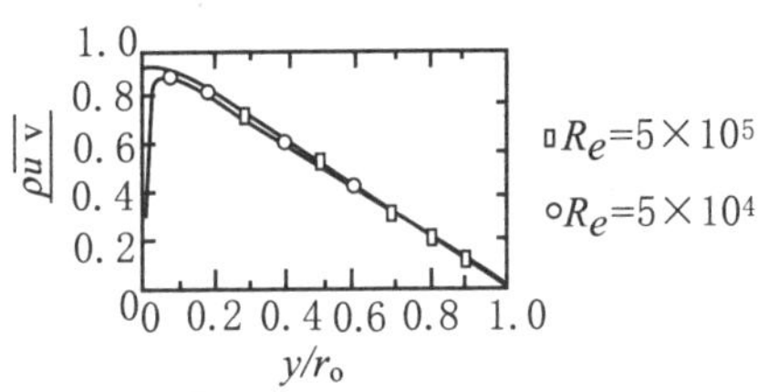


图 4.36 天斩煞完全发展的紊流切应力

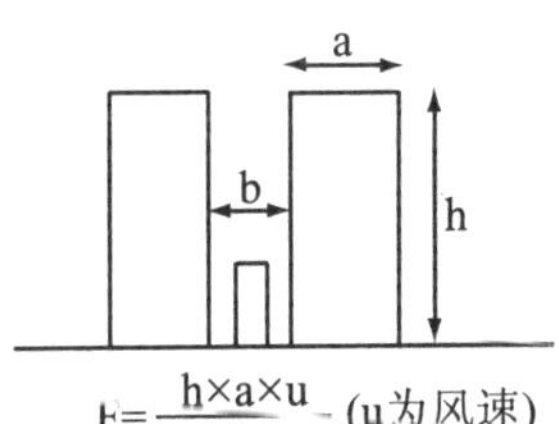


图 4.37 天斩煞计算图示

2. 白虎煞（图 4.38）

是指电梯的门正对房屋的大门，认为会对人的身体健康、财运等产生不利影响。电梯形成的气流冲射如图 4.39、图 4.40 所示，也是中心位置的风力最大；同样，如果电梯在离开的时候，屋里气流往外喷射。

图 4.38　白虎煞

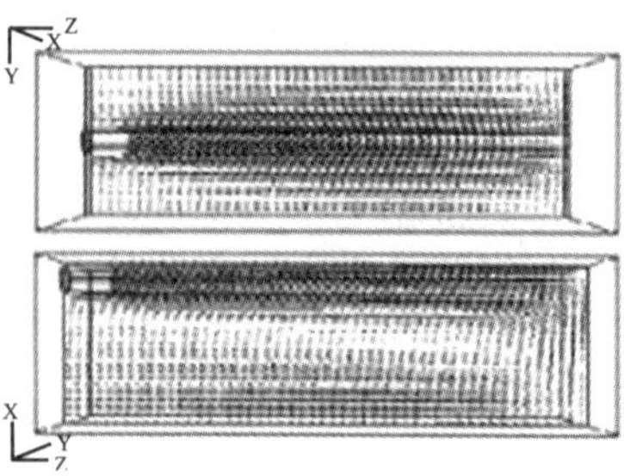

图 4.39（白虎煞）射流中心平面流场

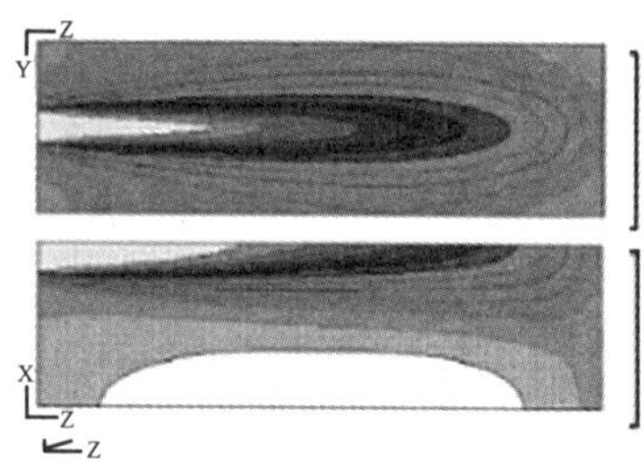

图 4.40 射流中心速度场等值线

3. 反弓路（图 4.41）煞

所谓街道“反弓”，是指房屋前面的街道弯曲，而弯角位直冲大门，古书中称之为“镰刀割腰”。其风力沿弯曲的切线方向，对人体健康有一定的影响；直冲路——马路直冲房屋的大门，认为马路愈长便凶险愈大，并称此为“虎口屋”，表示难以在其中安居。水的情况与风类似，有反弓水（水弓面直射大门），直冲水（水直射大门）等，其除考虑风的因素之外，还要考虑水自身的冲击力和水挥发引起的湿度等条件。

总之，建筑风水中与风和水有关的论述，具有一定的合理性，可以从有关的流体理论中得到说明，并可用相关方法解决，但用八卦镜、葫芦、石狮等所谓的辟邪方法是无效的，并认为与“财有关”是没有直接关系的。

图 4.41　反弓路

4. 穿心煞

房屋正门不宜有马路正冲，俗称路冲（图 4.42）。如直路正冲，民间又名穿心煞，宅书上谓之大凶。门前冲着马路，时时刻刻都提心吊胆，惟恐随时都可能会有人车撞上门口，居家当然极不安宁。此种路冲的房子，无论住家或商家生意极难有起色，常常在换主人。惟一例外的，似乎以经营汽车、摩托车修理等行业者较能持久。

除山区、水网等特殊地形地貌限制外，在平原地段，应力求道路的平直。不仅利于工程管线设施和工程经济，而且有利于风水环境需要。道路弯曲产生的反弓和路冲，是风水形法所忌，受反弓和路冲波及区的地段使用价值被损低。

图 4.42　路冲

道路反弓和路冲的波及区大小，其决定因素有四（如图 4.43）：

（1）拐点的弯曲度大小；

（2）道路冲煞线段的长度；

（3）道路坡向和坡度；

（4）道路流动量（车流、人流）大小。结合现场踏堪和规划资料是可以预知的。

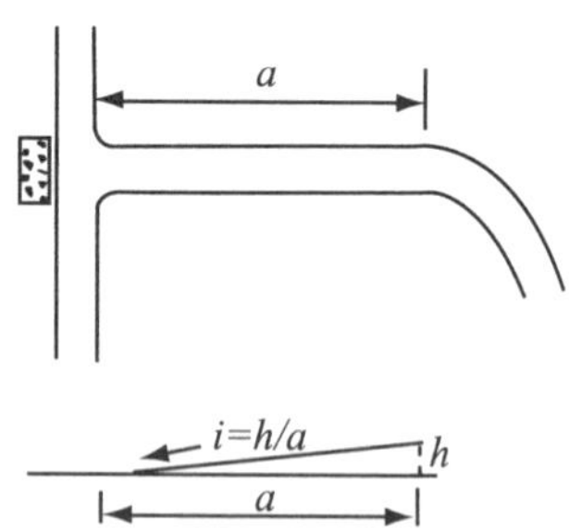


图 4.43　路冲煞力的计算图示

路冲公式：

F＝mab

F：煞气冲击深度

a：冲击道路直线段长度

m：交通流动强度（单位时间交通流量：车次/分＋百人/分）

b：冲击道路的下冲纵坡度（高差/路段水平长度）

风水民谚有“路剪房，见伤亡”的谚语，是古代人民经验的总结。由于路冲的原因出现了泰山石敢当。

按中国古代风水说法，村落中十字街口的住家是不利的。因此村落中的街巷一般只设丁字路口，面对街巷的一户为了避邪，避免路冲，常对着街巷的墙壁上镶嵌一块“石敢当”（图 4.44），大多为一虎头雕刻，取虎之凶猛以驱逐邪恶之意。

图 4.44　民居中的“石敢当”

一般说来作为丁字路口的位置，现代规划都会设置绿化或城市小游园（图 4.45），避免在路冲处建房，因为从交通上分析，丁字路口的房屋附近车辆无法停靠。

图 4.45　道路交叉口绿化图

图 4.46　尖角煞

5. 尖角煞（图 4.46、图 4.47）

小于九十度角的角落，称为锐角，凡是构成锐角的东西，均称为廉贞煞，现代风水家则称为"尖角冲射"，就是形成九十度，也同样入格，会造成不吉利的风水。

当家宅外另有一幢楼房，斜斜的对着家宅大门或射着窗户，便是犯"尖角冲射"。

尖角冲射，主要是对宅中人的健康构成不利影响，容易生病，尤其主血病，所以对患有出血症者，甚为不利，那些有血栓堵塞倾向的病人，也较为不利。家宅成员若从

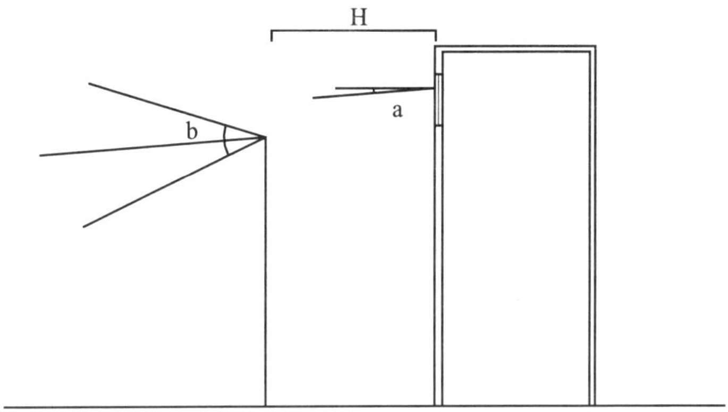


$F=\frac{1}{a\ b\ H}$

a表示正对性角度
b表示锐度
c表示距离

图 4.47 尖角煞力计算图示

事带危险性的工作，如警务人员，地盘工人等，则容易有意外伤害。

6. 割脚煞

“割脚煞”也为“割脚水”，所谓“割脚水”，即指接近阴阳宅的而且地势很低的水（也包括虚水），既然为割脚，从形势上来说，水的形状如同镰刀一样或象被刀在脚上拖了一下，或者水流激荡，才为真正的割脚水，这样的阴阳宅才会受伤。割脚水易招致血光之灾。

风水学中，把江河湖海等自然水称为“真水”，认为住宅不可以和它们太贴近，不然就成了“割脚水”，不但不能蒙福，反而受其祸害。原因在哪（图 4.48)？

水的特性是流动的，在风的作用下总是不断地冲刷着陆地。楼房挨着它，房子的地基不可能不受这股冲击力的影响。有人可能会觉得这样的解释有点欠强吧，数米之外，小水波而已，哪会有这么大的力量？殊不知滴水穿石，持续不停的作用力不容忽视。

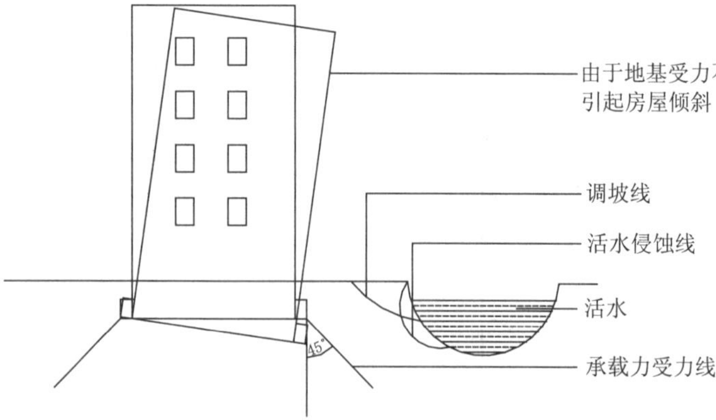


图 4.48　割脚水对楼房的侵蚀

此外，就算地基比较结实河底下也有河床挡着，可毕竟水会渗透，地基天天被泡着，一旦地基被泡酥了，房子还能自然挺立吗？赶上夏天雨季，河湖的水也随之相应涨高。这势必会让住在旁边住宅里的人精神紧张，成天盯牢河水盼它别涨得太高，别把家给淹了。要知道富丽堂皇的住宅一旦进了水，损失可就大了。

除此之外，潮湿地质会导致关节炎，风湿病，皮肤病等。河湖水干净还好，如果不干净或者没有保护好，潮湿腐败的水就成了细菌蚊虫的天然培养基地，这将是产生各种疾病的根源。因此依水而居听上去很美，但离水太近的住宅并不适宜居住。“割脚水”这个说法就隐喻“基础”二字，凡事都要确定基础，而作为基础的那部分是不能受到外力威胁的。

事业也好，家庭也好．都不宜建立在不稳固的基础上面。即使我们找到自己稳固的基础．还需要时时检视保护它不要被外来的东西侵蚀——这是我们从中领悟到的道理。

自然界中的天然土层，一般形成至今已有很长的地质年代，它在自重的作用下的变化早已稳定。此外，地下水位的升降会引起土中自重应力的变化。例如在软土地区，常因大量抽取地下水，以致地下水位长期大幅度下降，使地基中原水位以下的有效自重应力增加，从而造成地表大面积下沉的严重后果。至于地下水位的长期上升，常发生在人工抬高蓄水水位地区或工业用水大量渗入地下的地区，如果该地区土质具有遇水后发生湿陷的性质，必须引起注意。挡土墙所在地段往往由于排水不良，大量雨水经墙后填土下渗，结果使墙后土的抗剪强度降低，容易增高，土压力增大，有的还受水的渗流或静水压力影响，在一定条件下，或因土压力过大，或因地质软化，结果造成挡土墙的破坏。

7. 电磁煞

发射塔（图 4.49）一般是发射或接收电视、电话信号的，气场强，对磁场影响大，且形状都是尖的变电站或高压电塔。

图 4.49　电视发射塔

电属火，对磁场影响最大，对人脑及心脏、血液的影响也最大，如果居所附近有变电站或高压电塔，人容易冲动，做事易出错。

家庭用的空调机在运转时，距离 30 公分处的电磁场强度约为 35 毫高斯（放射量的计算单位）；60 公分处约为 5 毫高斯，120 公分处约为 1 毫高斯；一般而言，不影响正常人生理状况的电磁场强度的安全量约在 0.5 毫高斯至 1.5 毫高斯之间，美国环保署的卡尔·布莱克门博士在 1970 年即发现，电磁场会改变钠、钾、钙等离子穿透细胞膜进出细胞的速度，这些速度的改变，会直接影响细胞内核醣核酸（RNA）转录脱氧核醣核酸（DNA）的染色质遗传基因过程。细胞是构成人体组织的基本单位，任何正常细胞在“极化”状态下的电位差数为 60 到 90 微伏（mV），所谓“极化”即正电与负电维持在一个相互维持的平衡状态；而生命体的细胞，都是靠各种化学成分的结构与电的微妙作用来活化和运转的。

8. “孤阳煞”

是指周围没有高楼，而独自一柱擎天，阳气极盛。当地人气极旺，地价很高，并且周边形成共识，立高层楼宇才可。如追求一枝独秀，那只会“木秀于林，风必摧之”，商业、住宅都不会理想。

9. “声音煞”

是指噪声对人体的影响。有一例子“古时候，有个人见到瀑布气势，非常感慨，并在附近搭了茅屋，欲长期归隐于此；但不到一个月，出现头鸣和幻觉，称为声煞。离开一段时间后，病即痊愈。”

10. “光线煞”

是指日光太强或室内灯光配置不当，室内外玻璃幕墙的反射，以及池塘、河流造成的反射。

11. “恶味煞”

是指人所能嗅到的恶臭以及化学气味。

12.“卷帘煞”

高一寸是山，低一寸是水，但房子前面如果是很长的阶梯，被称“卷帘水”是不吉之象。

13.“斜坡煞”

民间说法，斜坡上的房屋易泄财，而斜坡下的房屋则易损丁。房屋位于急冲而下的斜坡底，因煞气太急太劲，往往导致人口伤亡。因为易山体滑坡。

14.“热岛煞”

人口密集、高楼林立、绿化面积小、水泥地和柏油路面积大或房屋南面看到前面房屋的平顶屋面等因素，使房屋产生“热岛效应”。不宜居住。

15.“医院煞”：

如果居住的地方在医院附近，在风水上是不好的，原因如下：

(1) 医院好多病人居住，病菌繁多，

(2) 住院之人，气必滞，如此多的滞气聚集在一起，势必对周边的气场有重大的影响，

(3) 如果靠近放射科、传染科尤为不利

16. 穿心煞

风水中的“穿心煞”，也就是现代建筑中的“过街楼”（图4.50)。“过街楼”是节省建筑空间的方法，上面住人，下面通行车辆和行人，一举两得。风水上认为“过街楼”上的住房、办公不吉。按照客观理解“过街楼”上房屋的确有不利之处：如过街车辆灯光污染；过街车辆人员、噪音污染；过街车辆引起的电磁波污染，并把原有磁场切断；窗口处视觉的不安因素；路冲等。

图 4.50　过街楼

最理想的居住环境应有柔和的风徐徐吹来，古人认为“风宜徐来”，这对人居环境是有一定道理的。按现代解释风应该在平流层范围内，而不宜产生紊流或涡流，因为强旺的风以及携带的灰尘等，可以直接影响人的健康。这也提示我们应制定一个风对人长期居住影响的标准，特别是人身体健康的标准。

17. 古物煞

现在有许多店面的装修喜欢复古的风格，店里有许多古色古香的前人的生活用品、农耕用品、古董，甚至复建古厝，营造出古意盎然的气氛，以招徕顾客。需要注意的是，不可用有来历的材料，因为古老的材料本来就属于凶相。

庭石的使用要格外小心，以下之石千万不可使用：

（1）作为修炼之用的灵山之石；

（2）祠堂、寺庙里的石头；

（3）有自杀或久病者居住房屋里的石头；

（4）破产、倒闭的经营者居住房屋的石头；

（5）石碑的石头、古战场上的石头；

（6）和动物、人相近似的石头；

（7）土地庙、万人冢、神像，刻上梵文，或曾经成为信仰对象的石头。

## 第十节　风水与建筑节能

建筑风水节能的科学之谜值得关注。

建筑风水节能的基本原理是符合能量循环规律而带来必然的节能效果，即高温时（夏天）河流、植物和地表等水吸收太阳能、周围环境能量（热量）蒸发转变为气体而上升，周围环境热能因而下降；反之，冬天由于温度较低，河流、地表等水吸收太阳能而释放于周围环境中，而使建筑风水区域在寒冷季节仍保持较高热能，这就是建筑风水节能之迷。这是建筑风水理想之地利用生态环境带来节能的必然结果。如何利用建筑风水的原理，达到环境的优化设计、规划而节约能源，这是对现代建筑的有益启示之一。

作为一种特例，建筑风水利用地表能量转换也独具特色，如四合院特别是窑洞冬暖夏凉，充分达到了节能效果，但现代社会条件的变化已基本不可能，这里只是说明这种现象，但如何利用地表能量转换为人类服务也不失为一种有效方法。

建筑风水表现节能的第二个主要方面在于能够有效降低电磁辐射能量。良好的建筑风水生态环境包括山环水抱、植物覆盖等，形成了一定湿度、温度的区域环境，有利于对电磁辐射能（包括自然与人工电磁辐射）的吸收，降低建筑风水区域环境的电磁能量。其主要原理是一定湿度的大气、植物对电磁波具有强烈的吸收作用，水特别是海水对电磁波起到导体作用即电磁传导作用。

热量的传递主要有传导、对流与辐射等三种基本方式，这里主要考虑太阳的热辐射与传导过程；热量的吸收主要考虑水从液态到气态转变时的吸热。节能建筑虽然满足风水的形法要求而具有节能效果，但要完整满足建筑风水的条件是很严格的，还要符合风水“理法”的要求。风水中左青龙、右白虎、前朱雀、后玄武，能最佳的保证房屋的冬暖夏凉。

# 第五章 室内装潢与风水

## 第一节 家居风水与室内设计

建筑构件影响着家宅或家寓的内部环境。所以，重要的是设计好建筑内部以获得最佳的效果，给人以舒心愉悦的感觉，一般来说也是好的风水格局。

风水上无论是五行或阴阳八卦，最高原则是平衡原则。这种平衡原则对于房屋、房间、地基、屋形都以方正为吉，歪斜缺角为不吉。建筑物的形状会影响到室内的空间及气流：门窗使气进入并在室内流通，这是生命所必需的；过道和楼梯使气从一个空间流向另一个空间，所以，重要的是设计好建筑物内部以获得最佳之气。

家居设计要“三大二小”即大客厅、大厨房、大卫生间、小卧室、小书房。

动区，即活动量较大的空间要“大”

静区，即活动量较小的空间要“小”

大厅小房、明厅暗房的设计理念是符合古代风水理论的。房小使人安定，宜思考。房大，气派，宜会客，适宜多人相聚，在大客厅使人心胸开阔，明厅，提神，有朝气；暗房，使人宜入睡。

### 一、门窗

现在大家通称的门户，其实古人对于门和户是有分别的，房屋的门扇是双扇的为门，单扇的就为户。而房屋的前面要用双扇，所以前面为门，房屋后面所开的门要用单扇，所以后面为户。从阴阳的角度说，前面为阳，后面为阴，因此前门属阳，后户属阴。在“阳宜动，阴宜静”的推论之下，古人便主张房屋阳门宜张，阴户宜翕。也就是说，房屋的前门要常开，后门最好常常关闭，主张家人的进出要走前门，少走后门。

古人更认为对家有益的、有需要的东西要从前面拿进来，如积薪汲水都要走前门，而对家无益的秽物要从后面送出去，如退灰出粪应从后户送走，这样可以“留神去杀”，有利家道兴旺。这或许含有教人要开大门走正路，不走斜门歪路的道德意义。现在都市住宅以高楼大厦居多，大部分真正的门户，一家只有一个，前门后户的理论已难适用，其准确性如何，也难以印证了。如果是乡村住屋、别墅的话，上述说法仍可作参考。

门户对于房屋的吉凶衰旺关系重大，所以在堪舆风水学上，对营建房屋住宅门户的位置和方向上都十分讲究，且设想周到。因为门户是房屋住宅的“气口”，房屋建筑于地面之上，气应从门口进入，就好像人的嘴巴、鼻子，是饮食呼吸之处，后门（户）相当于人的肛门，用于排泄。

易经上说：“吉凶悔吝生乎动”。门是一家住宅“动”得最频繁的地方，动而生吉凶，那么，门开启的位置便关系重大。

因为门为房屋通往外界的咽喉，所以门以通大路为佳，但门不宜开在正冲马路的中央。

一栋房屋开门不宜太多。如果开得好一宅一门，若两门三门，在平面设计上不太好规划，同时房屋功能复杂也不太安全。

“二门靠一柱，钱财定不聚。开门见柱号悬针，不损钱财损子孙”。古人认为一根柱子两边皆开门不吉利，气散不聚财，这种现象在钢筋混凝土建筑内已不太可能存在，而开门见柱最好避免，开门见到柱子挡住门路，行走不便。

门把宜设在左侧，全部的门应从左开为宜，源于“左青龙右白虎”。青龙在左宜动，白虎在右宜静，也就是说人由里向外开较为合适。再说开门如左右颠倒也不符合生活习惯。

大门、正门、后门在一条线上叫“一箭穿心”，家里的运气不会长久。按照“风水家”的说法，气是沿直线从前门到后门的，如果所有的门都在一条直线上，气就会过于活跃。为了留住气，并使气缓和，正门之后或后门之前应设置一个屏。

门厅入口处的墙壁不宜太暗，也不宜过窄，从建筑心理学的角度讲，通过一个光亮生辉、比例得当的门进入住宅，无疑会使人的心情更愉快。一般宾馆的门厅都光亮、通透、宽敞。

风水上喜欢把房屋赋予生命，而窗户是房屋的眼睛，要保持干净、完整，要经常开关。窗户应置于能获得新鲜空气和气的地方，并要使居住者免受光和热的直接辐射。窗户设计不宜设计往内开，这样会使居住者没有安全感。如房屋东侧有窗户，表示“紫气东来”，视为吉祥。窗户大小要适宜，而一个房室不宜开启太多的窗户，窗户太多难以聚气、聚神、聚财。

屋子的窗户在家中扮演着不可或缺的角色。装设窗户并不是越大越好，窗户太大会影响屋内的私密性，同时通气过量，不聚气，使人不适（有特殊功能的落地窗除外）。

安装大门时，必须看清楚木纹是顺生还是逆生。通常由下至上生的纹是顺纹，由上至下生的纹是逆纹。顺纹门使家宅安宁畅顺，逆纹门使家宅多变和不顺畅。按照树木的生长方向安置，这其实从结构上考虑是有一定道理的，靠根部的木质一般较硬，靠地面抗腐、抗剪、抗压、抗扭的性能较强，反之则相反。

## 二、客厅

进门后最先到的地方通常是客厅。客厅是亲戚朋友到家里来直接接触到的地方，所以人们对客厅的装潢摆设非常重视，好像客厅就是人的面子一样，要把它美容得风光一点。许多住宅的设计，将客厅的空间占去整个房屋的大半，而使其他地方，诸如卧房、厨房等空间局促狭窄，造成生活的不便，违背了风水平衡的原则。

从阳宅风水的角度看，住宅讲求方正，目的无非要使居住在里面的人舒适愉快、健康幸福。房屋住宅本来便是为供一家人活动起居而设的，并不是用于炫耀的工具，所以，过于重视客厅宽敞或设计装潢得富丽堂皇，而不合乎住家的目的，则违反了阳宅风水的原则。

客厅是活动出入较为频繁的场所，而卧房是休息憩卧的地方，因此在住宅里，用途最不适合固定的方位，便可以充当客厅。客厅常常是全家人聚会话家常的地方，因此房屋的中央部位较适合作为客厅之用。

至于客厅的装潢摆设和色彩布置，除了依空间的大小，居住人习性喜好设计外，还要考虑到整个房屋的宅局方位。一般而言，客厅装潢最好力求简洁明快，配色要调和、朴素，不要过于鲜艳复杂。总之，住宅的装潢或配色，要使住的人有舒适温暖的感觉，不要有零乱碍眼的感受。

因为通常进门便是客厅，门为气口，客厅为接纳“气”的场所，风水上称“内明堂”，至于客厅中座椅沙发的位置，应该面对开门进口处排列，即坐下后主人可以看到进门的动静，以及迎面见到客人的进出（图 5.1）。这不但让进门的客人感觉亲切有礼貌，在接待客人的位置安排上也较方便，尤其面向动处，也较有安全感。

客厅不宜塞满古董、杂物或装饰品。古董属阴物，客厅如放置很多古董，首先，不利古董的保护，其次，古董很多来源地下，带有某些病菌、秽气，还有客厅宜简约，装饰品、饰物宜讲求生气、清晰、赏心悦目。多了会使人目不暇接，神不定、气不顺，有条件的话，古董收藏应专门设置一房收藏古董。

客厅光源宜充足，源于通常所说的“光厅暗房”，即客厅应保证光线充足，明亮的客厅能带来旺盛的家运。与客厅相连的阳台上尽量避免摆放太多浓密的盆栽，以免遮挡光线。客厅的墙面不宜选择太暗色调，柔和的色彩搭配适当的灯光即可营造合适的客厅风水。灯具的选择以圆形为佳，取其圆满、团圆之意（图 5.2）。

图 5.1　沙发面对开门进口处排列

图 5.2　客厅圆形灯具

住家旺位在大门的斜对角，住家旺位通常在客厅，此处宜安宁清净，不可以是过道的动线。一般而言，客厅位于门口的斜对角最好。注意此处不宜悬挂镜子，因为镜子有反射的效果，容易阻碍旺位的运势。旺位应放置可助长运势的吉祥物和种植具有生命力的绿色植物。

客厅地板宜平坦，不宜高低不平或有过多的阶梯。有些客厅会采用一些高低层次分区的设计，令地板有明显的高低变化，少量的变化倒也无妨，但过多则最好修改。

沙发不宜放在横梁下，如沙发放在横梁下，人坐于此处，容易精神紧张，导致运势不振，所以有梁的地方最好采用修饰手段装修一下。

沙发背后宜有靠，沙发背后要有实墙可倚靠，则无后顾之忧，如果沙发背后是窗、门或通道，无实墙可倚靠，那便等于是背后没靠山，不利。可以把矮柜或屏风摆放在沙发背后，这也可以起到补救的作用。

客厅不可成为居室动线，客厅是家庭中旺气的聚集地，因此应保持气流稳定，不应将客厅规划在动线内，因为动线内的人流活动频繁，易使家宅的旺气紊乱，也会干扰家人和朋友的正常聚会活动。

客厅是家人和亲友相聚的地方，最需要营造出和谐、融洽的气氛。圆形是和谐的象征，所以圆形的灯饰、天花造型以及装饰品具有增强室内温馨气氛的作用。

客厅不宜乱挂猛兽图画，客厅宜悬挂花草、植物、山水，或是鱼、鸟、马、白鹤、凤凰等吉祥图案。而悬挂龙、虎、鹰等猛兽，则要特别留意将画中猛兽的头部朝外，千万不可将猛兽的头部向内威胁自己。

客厅书画装饰有：

横向悬挂：几幅比例均匀的字画横挂在一起，可以使房间显得视野开阔。

垂直悬挂：几幅小型图画垂直悬挂，会使室内墙面显得高些。

对称悬挂：与室内家具陈设呈对称悬挂，如在茶几旁的两张沙发后上方各悬挂一幅字画，可增添气派。

字画大小：小空间悬挂小画能起到增大空间的作用，而挂大画恰恰相反，起到缩小空间的作用。

抽象画一直被人们看成是难懂的艺术，不过在现代装修风格的家庭中却能点睛点化灵性与和谐的作用。特别在西式风格的装修中十分适合。

装饰画宜放在主位后，如组合沙发，画应放在三座的沙发后，这样使室内感觉比较平衡。装饰画还有通过视线转变，提醒主人空间转变的作用，走道中的装饰画，可起到引导作用。

## 三、玄关

玄关在《辞海》中的解释是指佛教的入道之门。经过长期的约定俗成，玄关指的是房门入口的第一个区域。

玄关又称斗室、过厅、门厅，说法来源于日本，因为日式建筑进门要换鞋，日式建筑是不能少玄关的。

玄关有保证隐私的作用，让人不宜直接看到室内（图 5.3）。

玄关有改变大门朝向的作用。如主人按命理大门不宜朝东，但又住在朝东的房子里，加设玄关后可改变大门的朝向，如此设计就可理解为大门朝北，玄关同时有使用功能，换鞋、放伞、整衣等。

玄关设计使人进屋能满足“曲水生情的作用”，使人的走线弯曲变化。

玄关可起装饰点缀作用，玄关在整个房屋设计中有很重要的位置，玄关的造型设计在整个房屋设计中能起到画龙点睛的作用，玄关是给人第一印象的地方。

玄关可以促使从大门进入的外气转向：外气本来从凶方向直入的，改为从吉方转折而入，这便符合风水的趋吉避凶之道。

图 5.3　玄关

庭院玄关泛是厅堂外门的延伸，也就是居室入口的区域，是客厅与入口处的缓冲，玄关宜大且阔，要有五尺以上，宜明亮、整洁。

玄关鞋柜要有良好的空气流通，衣帽架上宜衣服舒展，衣帽各得其所，衣帽架造型要体现艺术化的生活情趣，能烘托出家宅气质和旺势为佳。

玄关顶上的天花忌用镜片，因为进门举头见到自己的倒影，这在风水上是头下脚上、乾坤颠倒之局。

## 四、墙壁

墙壁对家宅、公寓乃至一个城市的风水都有着巨大的影响。例如：环绕紫禁城的围墙使居住者有了安全感，并且就像卫戍部队一样，划出了界线，使人们免受外界侵扰和敌人的攻击。

在室内空间中，墙壁的意义和某些山脉的意义一致，起着保护好风水的作用。居住者应当靠坚固的墙壁，这样才能免遭“危险”。他们应能眺望窗外，欣赏优美的景色。

坚固的墙壁有时用于驱逐“煞气”，也被用于阻拦气流。在中国修建家宅时常要事先规划，以便使入口处的墙壁阻止邪恶，同时又绝对不能使墙壁阻止好气在各空间的流动。

房屋如为框架结构，会在室内墙壁出现许多凸出的梁柱体，形成许多硬角，如不进行处理，不符合风水原则，因此装修时应采用一些造型或壁柜遮挡这些突出的梁、柱。如没有做造型遮挡，可在凸出尖角位置放置植物来减弱尖角对屋内的整体影响。

## 五、天花

现代“风水家”们认为，梁和椽既不能暴露，也不能置于睡眠区的上方。倾斜的天花板也是不吉利的，因为会抑制和阻碍气的流动。尤其是当人入睡时，人的潜意识逐渐失去防护的时候，悬吊顶上的吊灯会使潜意识感到紧张不安。因此，最好不要在卧床上方安装灯具，只用床头柜上的台灯和设在天花板四周的嵌入式牛眼灯（图 5.4）。如果一定要在床的上方装灯，就装吸顶灯，而千万不要安装摇摇欲坠的吊灯。

根据“气”的原理，清气轻而上浮，浊气重而下降，因此有“天清地浊”的说法。为遵循“天清地浊”的原理，在装修的时候，天花板不论使用何种材料，都务必比地板和墙壁的颜色浅，否则会给人一种头重脚轻的压迫感，不宜久住。

许多酒吧、餐厅等又在本来就不高的天花板上，用凹凸不平的形状做装潢，虽然乍看十分豪华，可是坐在下面，天花像要压下来似的，令人产生窒息感。而且天花板压低，使空间变小，空气容易混浊，缺氧的状态将使视觉、思考受阻，心情低落。

图 5.4 卧室灯具

## 六、楼梯

在室内设计中，楼梯以及与其相连的过道都是重要的因素。对“风水家”来说，面对着主门的楼梯，以及沿直线从一层通向另一层楼梯，都是煞气产生的根源。楼梯不能设在房屋中心。楼梯在风水上不宜居房间的中心。其实房屋建筑学上就要求楼梯的布置不能影响房间的布置。居中楼梯会占用房间空间。另外，楼梯还有结构上的要求，靠边靠墙，可以优化结构摆布（图 5.5）。

图 5.5　楼梯要靠边靠墙

## 七、卧室

卧室应与就座区相分离，或者置于上层。卧室中最重要的家具是床，人的一生有三分之一时间是在床上度过的，故应根据家宅及室内的气来安排好床的位置。

对许多人来说，生命的三分之一是在卧室度过，同样也是三要六事中的三要之一，十分重要。卧室是人们心灵的避风港，是使身心得到休息的私人空间。卧室的布局应特别注重其安静性与隐密性。

床是卧室中的必备之物，与人们的日常休息密切相关，李笠翁的《闲情偶寄》中说："人生百年所历之时，日居其半，夜居其半。日间所处之地，或躺或庑，或舟或车，总无一定所在，而夜间所处，则只有一床。是床也者，乃我半生相共之物，较之结发糟糠犹分先后者也，人之待物其最厚者莫过于此。"正因为床的重要作用，床位的摆放更显重要。睡床的摆放一般需考虑以下几个方面：

1. 对于床本身，要考虑的是其长度、宽度是否适合人体，床面是否平整，是否具有良好的支撑性和舒适性。床的高度一般以略高于就寝者的膝盖为宜，切记床不可贴地。床底宜空，勿堆放杂物，否则不通风，易滋生细菌、藏湿气，导致腰酸背痛。

2. 床无论放于何处，都应该让居者看见卧室的门与窗，有明媚的阳光照射到床上，这样的布置有助于吸收大自然的能量，更有利于身体健康。

3. 卧室门不宜正对床，床头不能靠门或背门，这是因为门口也就是风口，人在睡眠时冲着风口必然会受到影响，易生病或心绪不宁。又因为睡眠需要安宁的环境，床背门易受到干扰和惊吓。

4. 床位最好选择东西朝向，死人南北向放置。

5. 古代房屋一般分七梁、五梁，床一般要顺着梁的走向放置。

6. 床头宜实不宜虚，床头应该靠墙，不可靠窗。床如果不靠墙，床头必须有床头板，使人的头部不致悬空，并且床头后面不能是厕所或厨房。

7. 不可有横梁压床，以免造成压抑感，有损人的身心健康，此类情况还包括不可有横梁压卧室门，分体空调机不可悬挂于枕头位上方，卧室正上方不可悬挂吊灯，这些都属于横梁压床的范畴。

8. 床不可对镜，因为半夜起床很容易被镜中的影像所惊吓，精神不安宁，导致头晕目眩。如果卧室中有镜子对床，可在晚上用装饰物盖住或把它转向墙壁，最好能将镜子镶嵌在卧室衣柜内部，使用上可以灵活多变。

9. 床与卧室墙壁应该平行或垂直，以免室内动线唐突和给人带来不稳定感。

卧室花草与床的距离不宜太近，花草性冷属阴，植物晚间行的是反光合作用，不但与房中人争吸氧气，吐出的二氧化碳还要人来吸收，对人体的磁场运作及身体健康都有不良的影响。因此，建议白天放入室内以净化、调节空气，晚上最好移放阳台。花草进屋前宜先系红丝带去阴。

同时卧室是比较隐私、随意的地方，衣服可能会随意堆放，卧室摆放植物会弄脏衣服，而且晚上上卫生间可能产生碰撞，还有夜里会引起奇怪的影像，会给人惊悸的感觉。

床不要面向窗户，特别是西面的窗户，因窗户接收光和热。即使是向东的窗户也欠佳，因为居住者会被早晨炫目的阳光所妨碍。面对门的床也不吉利，这是由于在中国古代安放死人时，是把其脚朝向前门的。另外，床也不能置于倾斜的天花板之下。

根据“风水家”看法，把床靠着坚固的墙，比放在玻璃窗下好，因为墙壁如同保护家宅的山丘或山脉一样，给睡者以坚实的感觉。

北京故宫的“养心斋”，即西侧雍正皇帝的书房和书房后面的卧室，其面积不过10平方米而已。如果留心就会发现，皇帝卧室面积以及床的大小并无特殊之处，但木床紧靠着墙壁，利用了“床要有养山（靠山）”的原则。由此可以看出，这不是皇帝住不起大卧室，而是选择了“养气”的卧房。

地球上密布着南北走向的磁力线，道家认为人体是一个小宇宙，也存在着一个磁场。头和脚就是南北两极，人在睡眠的时候，最好能采取东西向，和地球磁力线相剪，能使人在睡眠状态中重新调整由于一天劳累而变得紊乱的磁场，对身体健康有好处。如果住在方向不正的套宅，磁力线必然是斜着切割你的身体，对健康不利。

科学研究证明，鸽子能辨别方向是由于其血液中所含的铁质是有极性的，因此鸽子能感受到磁场作用，能辨别方向。人体的血液含有铁质，睡觉八九小时血液在某一磁场长期影响，也会对健康有所影响，因此风水上反对经常搬迁，搬迁特别对老人健康不利，如要搬迁，床也不宜改变方向。

床、卧室以方正为佳，切忌圆形卧室及床，因为方主静，圆主动，卧室需要安静祥和，以中性、柔和的色彩为佳。

卧室门不宜两两相对，卧室是较为隐私的场所，房门相对会让双方都有压力，但由于设计的局限性，公寓很多设计成门门相对，如图 5.6 所示。

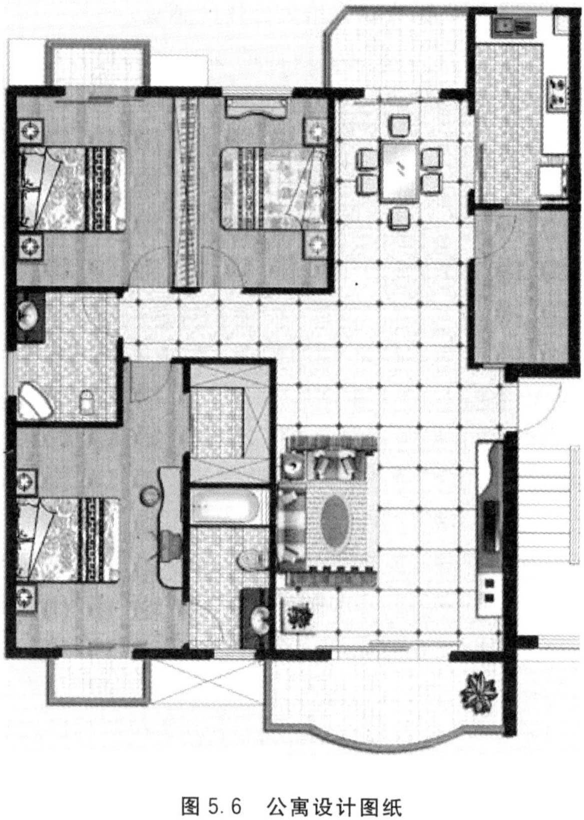

图 5.6　公寓设计图纸

但高层或别墅，由于户型可变化设计，这种情况相对较少，如是多层卧室的摆布，讲求每代人所居住的层次。如三层别墅，老人住一层，中年人住二层，小孩住三层，以示体现老人为根，中年人为干，孩子为枝的理念。老人行动相对不便，居住一层，避免频繁的上下楼梯，并且一楼更便于接近老人喜欢的庭院、花园。小孩好动，并且学习需要相对安静，没有人打扰的空间，因此住在顶层较好，中年人为家中顶梁柱，因此住在中间楼层，同时也方便照料老人、小孩。

## 八、儿童房

儿童房首选住宅的东部或东南部，因为最早接受阳光能量的就是东部或东南部，而儿童处于生长发育阶段，需要吸收来自各个方面的能量。

儿童房色彩丰富（图 5.7），但不宜太杂，色彩太杂会影响儿童，学习分心、不专神，对儿童的神经系统发育不利。

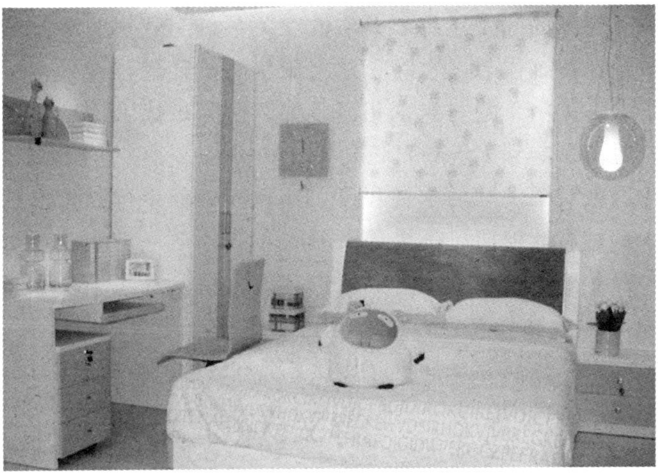

图 5.7 儿童房色彩丰富

儿童房进入时要做甲醛检测，因为儿童白血病都是因为新居甲醛过量引起的。

儿童房不要放置镜子和悬挂太多风铃，避免小孩因分心而导致精神衰弱。

儿童房不宜放置怪异的物件，容易引起儿童噩梦。

儿童房在普通公寓楼设计中宜靠近父母房间，儿童房随着小孩年龄的增长可离父母房越来越远，父母在尊重孩子私密性的基础上，要尽量不动声色的对儿童房给予关照。

儿童房的地面以铺天然的木地板为佳，用石材铺地，要避免没有通过认证的石材所含有的放射性材料所带来的影响，地毯也不宜使用，虽然地毯的安全性较高，不怕小孩跌倒，但由于附着太多的粉尘、细菌，长期使用可能导致儿童患支气管炎和呼吸道疾病。

## 九、厨房

俗语说："民以食为天"，饮食为人所必需的，饮食的好坏直接影响着身体的健康，而家中与饮食关系最为密切的地方便是厨房和炉灶。传统住宅风水除了重视厨房和炉灶的位置外，对于炉灶灶口（古火门）的方向也相当重要，因为炉灶不仅有关家人的健康，也会影响到家运的兴旺衰败。

中国人对于炉灶的重视程度，从民间信仰中可以看出。一般家庭中都供有灶神即司命灶君（图 5.8），掌管一家人的食禄，也是家中最重要的护法神之一。所以传统家庭，每天早晚都烧香膜拜灶神，逢年过节更要盛拜，道教里还有一部"司命灶君真经"供人念诵，就是西方基督教以及日本都有饭前祈祷的风俗。

图 5.8　灶神

从五行的生克来看，厨房有炉灶生火煮食，又须用水洗涤食物，水火相克，所以在安排上有一定的原则和忌讳，每栋住宅的方位和格局安排各有不同，但厨房的设计应尽量放置在房屋的后半段，较为隐秘、卫生，主妇煮食不受干扰，垃圾容易清理，易于排油烟。

厨房是三要六事中的三要之一，十分重要。

厨房不要过小，在国内大部分家庭对厨房不够重视，往往将厨房安排在阳台上，或是所分配的面积和区域比较小。

餐厅和厨房的位置最好设于邻近，避免距离过远。

厨房门不可正对大门。《阳宅三要》指出："开门见灶，钱财多耗。"此格局将使家中女主人健康有损并且家中难聚财，运气反复。如果遇到这样的格局，唯一的避免方法是改门。

厨房门不可正对卧室门。因为油烟熏冲，容易导致居住者头晕脑胀，脾气暴躁。

厨房门不可正对厕所门。炉灶作为一家大小的口腹之源，须纳吉气，厕所为不洁之地，且厨房代表火，厕所代表水，水火不容，会导致夫妻失和，家口不宁。

厨厕不可同门。有些家庭为了节省空间，令厨厕共用一门进出，令家居水火无度，很不吉利，更有甚者，先进厕所，再进厨房，则口腹之欲，荡然无存。

厨房的地面不可高过厅、房等地。一方面是可以防止污水倒流，其次是由于主次有别，厨房不可凌驾于厅、房之上，再次，从厨房入厅奉食，应步步高升，反之则有退财之虞。

阳台走道不可正对炉灶。长廊压火，主不聚财，易患高血压之类的疾病。

厨房的炉灶不可正对冰箱、水槽。冰箱代表贮藏、聚财之所，其性属水，最怕火攻，易致家人身体不顺。

厨房切忌完全封闭于屋中。厨房至少要有一面对着空旷处（如阳台、天井、后院等），切忌封闭，或在屋子中央。

厨房具有财富的象征性，是全家人身心的补给站，应该放置在宅内，才有整体感觉，不宜放在宅外或另外凸出的一间房间。

水位和灶位比较适合顺排，如果垂直摆放也可，应避免相对放置。如果无法改造，水火必需对峙，也应尽量错开。

灶位后方不宜空旷。因为空旷容易招风，使火苗不稳定，会影响到财运。尤其忌讳灶位后方有窗户，易使火苗熄灭，燃气泄露。

厨房不能悬挂镜子，厨房中有火有水，有锐器，以免镜子照到炉火或锅中的食物。同时，人在厨房中处于动态，如有镜子会让人形成错觉，易发生伤害、事故。

厨房中的各种菜刀、水果刀不应悬挂在墙上或插在刀架上，应该放入抽屉收好。厨房也不应该悬挂蒜头、洋葱、辣椒，因为这些东西会吸收阴气。

至于灶口的方向，因为传统灶口为薪材进口的地方，现在燃气灶火口是向上的，已大有不同。现在风水家认为：

（1）灶口不对水口，即燃气灶绝不可正对着水龙头（包括饮水机）。

（2）不宜设在房屋正前方的中央位。

（3）不宜紧靠厕所及卧房。传统厨房以薪材为燃料，厕所又不易清洁，不卫生，厨房嘈杂影响卧房的安宁，都不利身心健康，应以避免。

（4）炉灶背面要靠墙而设，避免背后悬空或空旷。

（5）最忌讳设在化粪池或排水沟的上面，这样不但不卫生，对健康也不利。

（6）炉灶不宜对着房门口，这是不合理的布局。

（7）炉灶上要避免被梁柱压到，因为梁柱会给人不舒适的感觉。

（8）炉灶后面也要避免有壁刀或屋脊尖刀照射，会影响人的心理感觉。

（9）炉灶与水槽之间，应保持距离，以避免危险，中间可以用来处理蔬果。

（10）炉灶口不宜放在死角，因为死角不通风，同时不便于操作。

## 十、餐厅

按照古人的看法，餐桌应当为圆形（图5.9），因为圆象征着苍天赐福（方形象征地，地是劣于天的）。餐桌要放在餐厅中心，放桌处的光亮要平衡，这样，人吃饭时就能受益于良好的气流环境。

图5.9　餐桌以圆形为佳

餐椅个数必须成双，如两个、四个、八个等，因为古人相信，运气来自双数，而单数则代表凄凉。

餐厅挂画最好选择可为进餐提供和谐气氛的图画，如食品写生、欢宴场景或意境悠闲的风景画等。各种仿真的鲜果装饰也有着同样的效果。

餐桌上的照明以暖光源为宜，能增强食欲。

## 十一、书房、书桌

书房中，家具的形状和位置都是非常重要的。主人及其孩子的书桌都应为矩形，应靠着坚固的墙壁，最好左面是窗户，这样就会有一个景色优美、通风宜人的环境。书房位置要选择在较为安静的地方，远离大门、厨房或客厅，以免受到嘈杂声音的干扰。空间要适度，空气流动，光线要充足。

值得注意的是，书房的窗不宜正对书桌，因为书桌“望空”，在“家相学”来讲是不太适宜的。撇开风水不谈，就环境而言，书桌正对窗户，人便容易被窗外的景物吸引分神，难以专心学习，这对尚未定性的青少年来说，影响特别严重。因此，为了提高他们学习时的注意力，家长应该避免把他们的书桌正对窗户。

任何房间宁可小而雅致，忌大而无当。有些比较宽敞的住家，将书房设置得很大，其实在这样的书房里看书或者学习，都难以集中精力，古人在居住环境上下了一个断语：“宅小人多气旺”，这与人体气场在外环境中的聚与散的理论不谋而合。

书房中的家具宜用深色，如栗色、深褐色、铁红等端庄、凝练、厚重、质朴的色调，这样的色彩能够稳定人们的情绪，有利于思考。

书房内不宜放置藤类植物，因藤类植物容易让房间潮湿，不利于书籍的保存，而且此类植物还会令人的思路紊乱。

书房适宜使用台灯或地灯等光源。书桌上的台灯最好简洁实用，并且台灯的光源只局限欲一个小范围，这便于集中人的学习看书的注意力，类似舞台的效果，把不需要注意、可能会影响注意力的都处于黑暗中。

## 十二、浴室、卫生间

一般说来，浴室要远离厨房和住宅的主要入口，位于相对隐蔽的地方，不宜把门对着主卧室，这样会影响主卧室的空气质量和空气温度。

卫生间不宜在房屋中央。因为房屋的中部是住宅的重心，恰如人的心脏，极为重要，中心受污，秽气极易对流到其他房间，居住其中，天天吸入大量秽气，易得疾病。而且位于住宅中央的卫生间，必然采光不佳，加上卫生间原本就是水多之地，潮湿的空气闷在室内，易滋生细菌，对健康当然不利。

卫生间要有排气扇，这可把厕所内的秽气抽出室外，现在有许多户型设计卫生间没有窗户，这是非常不合理的，如果没有一定要有排气系统。

厕具要与卫生间门保持恰当的距离，并且卫生间的地面绝不可以高于其他房间的地面。卫生间与其他区域做到“干湿分区”。

现代住宅卫生间的功能很多，一是全家大小“方便”的地方，二来卫生间也是浴室，三是卫生间还兼做化妆间。卫生间需要符合多功能的要求，所以在装修过程中，应精心设计和打造。有条件的话，在适当位置做几个花架，摆几盆鲜花或盆景，幽香四溢，情趣盎然，也可挂几幅艺术画，让人赏心悦目，文化氛围凸现。

卫生间和洗浴间有条件最好是分为两间，如不能分为两间，中间最好加以隔开，在国外房屋设计大多是设计两个单独的房间，国外认为厕所和洗浴是两个完全独立的功能空间，没有任何可放在一起的理由。如一起会相互影响，厕所气味细菌会影响牙具、洗面巾以及上午洗漱时人刚起床进入的空间空气。

## 十三、镜子

古代风水理论认为镜子不宜对着大门、正床、写字台（图5.10）。窗与镜子不能相对，镜子对好的或不好的东西都有反射功能，“煞气”能反射出去，同样好的东西也能反射出去。

图 5.10 镜子对着写字台

现代科学证明：镜子是室内装饰中的重要构件，有美化环境，扩展空间等作用。同时科学试验也证明，将小动物如老鼠、小兔子等放在一个由镜子全封闭的环境中，动物会焦躁不安，甚至会拒绝饮食而死去。因此不合理或过分地使用镜子，同样对人的健康不利，甚至在夜晚容易惊吓。

镜子切忌对面放，镜子对面放置，重复反射，人如迷宫。

同室不宜放两面镜子，镜子多于两面，会引起气场混乱，影象迷乱。

## 十四、阳台

阳台栏杆宜实，特别是高层住宅，如采用玻璃栏杆都会使人产生不安全感，犯了风水学“膝下虚空”的大忌（图 5.11）。

普通公寓如果不是因为空间太小，阳台不宜封闭，阳台是屋内唯一人和自然交流的空间，十分重要，也是主要的气口，港台

图 5.11　玻璃栏杆使人产生不安全感

不少风水师在确定普通公寓的大门（即三要六事中三要的门）都取阳台为门。

## 第二节　写字楼的摆布与风水

“商道五行”：木以诚信为本，培育春秋；火以闪电速度，抢占生机；土以和谐融合，开拓市场；金以立斧开山，克服困境；水以滴水渗透，滋养生机。

企业部门五行说：木为技术开发部，代表企业发展后劲所在，企业发展生命力；水为财务部，保证活动的现金流；火为宣传供应部；金为销售部，明火照人；土为生产部，中焦之地，企业腹地根本所在。所以部门最好按这五行方位摆布。五者之间同样符合五行相生、相克、相侮的原则。

风水理论认为营业店面“对门旺”，对面的生意要旺，旺气会传到自己，因为对面如果顾客盈门，当然会给自己店面带来人气。新租的店面要看以前店面是干什么的，如果原行业经营得好，继续经营有利，以前经营不好的，不宜继续经营，如要经营，要做平面调整，亦即风水上所谓的改动。店面切忌进门往下走（有的店面为了增加空间把底层改为两层），这为泄财格局，内外名堂一定要宽敞，才能聚气，即店门外以及大堂一定要宽敞，便于车辆人群停留；朝北的店面光线一定要明亮，因为朝北为阴，明亮为阳，只有光线明亮才能补充朝北店面的阳气不足的缺点。

风水理论认为每个办公室依照八卦九宫方位的安排，都有一个文昌方。在阳宅风水学上，文昌方五行属木为绿色，主科名智慧，影响读书升学的运势，所以这个位置最忌讳作为厕所，因为厕所污秽之气，会伤害文昌星，不利读书科名，损害名誉，所以古人认为“污秽文昌、永不发科名”。因为按照八卦九宫方位的安排，一般文昌位都在较隐蔽以及光线、朝向较好的方位，而这种位置的确适合作为公司的技术部门。

从风水的原理来看，宇宙天地是平衡有秩序有规律地运行的，只要空间的安排适当均衡，便能顺利运作。正如孔子所说：“天何言哉，四时行焉”！依据企业机构组织和领导原则，在空间安排上，应将老板座位安排在最后面的位置，主管不宜在员工前方，或房屋前方。因为老板需要在较为安定，便于思考，便于发挥，便于监督的位置。

办公室是事业营运最重要的地方，办公室的布置摆设与气氛关系到公司事业发展。有的人一到办公室，精神抖擞、心情愉快、工作效率高；也有人一上班便萎靡不振、烦躁不安、抑郁不乐、凡事杂乱无章、理不出头绪。这种现象，除了因为个人的工作能力、做事态度或公司经营理念及管理方式等许多因素外，同办公室的风水和布置安排是否理想，也有很大关系。

## 一、办公室的安排和布置注意点

（1）办公室前门不宜直对后门，必须改换门的位置，或用屏风、橱柜间隔，以作改善。

（2）一个办公室不宜有三个及以上的门，最多只留两个门。

（3）办公室座位安排，人不可坐在房屋横梁之下。

（4）座位座椅后面，不可有通道，尤其主管人员更是忌讳背后有人走动，心不安稳，影响工作效率，也影响情绪。

（5）座位勿向着厕所或背对厕所。

（6）办公室不宜太大，因为办公室的大小和公司规模是没有关系的，以舒适为宜。

（7）座位前后左右不要冲到柜角、壁角及屋外他人屋角。

（8）办公室可以对外挂镜子，但是不要挂太多，室内不宜挂镜子。

（9）整个办公室路线要合理、通畅，要避免相互干扰，这对整个办公室的气氛、人际关系和工作效率有直接影响。

（10）办公室内以种植木本阔叶阳木为宜，不要种植藤蔓类或有毒有刺的植物。

（11）办公位置不要放置在神位下。

（12）办公大楼要避免在高压电下，座位也要远离高压电的机械（如发电机等）。

（13）办公室除老板及重要主管外，一般员工，需要业务常沟通者，以不隔间为宜，如确有隔间必要，则以隔矮屏为宜，因为这样便于沟通，由于物理距离决定心理距离，这样能增强凝聚力，节约空间、节约能耗。

（14）办公桌如果须靠墙放置，以右边留空间为宜，一般人皆以右手工作，活动方便。

（15）办公桌和座椅高度要搭配适合，太高或太矮会影响工作效率。肯德基和麦当劳的座位，人最适宜的时间为 24 分钟至 40

分钟，超过这个时间人就会有心理不舒适的感觉，而茶座的座位相对柔软，适宜长时间安坐。

（16）座位不要安排在强光的正下方，一则受强光照射不舒服，二则灯具电器形成电磁波会影响身体健康。如果是条状灯具（如日光灯）要与座位相平行，不要形成直角相对。

（17）办公室座位后不宜放置玻璃。

（18）办公室座位不宜正对空调。

（19）办公室避免紧靠电梯。

（20）办公室不宜在走道的顶端。

## 二、办公室“风水病”

如果在密封设计的写字楼工作，共用中央空调，容易患上“风水病”，“风水病”是由几方面原因引起的。

（1）新型智能大厦，线路管道在顶部或地板下，形成磁场对人体不利。

（2）密封太严，不利新鲜空气的流动。

（3）甲醛含量高，由于甲醛存在于装饰材料中，高档办公楼一般是装修时间不长或不断在装修，室内甲醛含量往往偏高。“美国劳工职业卫生中心”研究显示，慢性甲醛中毒会引起呼吸困难，全身过敏、湿疹、窒息等症状。

（4）氧气含量偏低，而办公室人都用脑过量，易脑缺氧。

（5）大多写字楼都用地毯，每个员工都将带回来的细菌践踏在地毯上，地毯成了细菌的“温床”，再加上室内四季如春，室内的春天也是细菌的春天。

## 三、办公室工作要注意的问题

（1）每天开窗透气。

（2）放置植物，如开运竹、黄金葛、吊兰、玉麒麟、富贵竹等，能够吸附毒气，释放出氧气。

(3) 勤洗空调隔离网。

(4) 少用地毯，加强地毯的消毒、清洗。

## 第三节 商业地产的装修风水

### 一、酒店

星级酒店讲求大厅的豪华以及功能的齐全。而城市快捷酒店更讲求实用性、私密性、经济性。地点又不一定在大路旁，略偏或进口需要迂回一下，反可增加人气，类似风水中的影壁的作用，可增加私密性、经济性、安全感。客房装修以实用、清新、干净为目的，让人有到家的温馨。

### 二、商场

高档商场的装修设计，如上海的恒隆广场（图 5.11）、中信泰富（图 5.12）、连卡弗等都设计了很大的共享空间，进入后给

图 5.11 恒隆广场

图 5.12　中信泰富

人的感觉似乎人气不旺，其实这种设计没有违背风水原则，恰恰十分符合风水理论，因为这些商家面对的是高端客户、有效客户，整个商场所有的服装、餐厅、美体、美发等都是价高质优的服务，非有效客户不会进入这些地方的。同时，高端客户恰恰就是追求休闲、安静的购物方式，不喜欢人多宣杂的环境，因此这些商场虽然看起来人气不旺，但营业额仍然很高。

店铺门前的地面要比门前道路的路面高，地势低的建筑物不好。上几个台阶才到，是一种上升的趋势，在心理上感到吉祥。

超市设计要一条主要人流（主水）路线，同时也要有支流（支水）的路线，如宜家是很人性化的家居超市，所有客人沿一条流向购物，局部商区可停顿购物，但大流向不变，沿着此方向所有物件均可看到，提高了购物效率，同时也能增加购物量。超市特别要强调的就是要避免购物流向的混杂，避免人流交叉、碰撞。商品区域要一目了然，灯光要以白色日光为主，音乐要以欢快为主。

## 三、美容店

美容店作为一个制造时尚、休闲的场所，要充分体现它的特性，座位要舒适，设计为长时间坐了不难受的软椅，灯光要以略带橙红色的白色灯为主光源，在这种环境下，能使人的面色略显红润精神，音乐要以流行音乐为主，代表时尚信息。同时，店里流动的人也是一种流动的装饰，发型师、护理小姐外型要时尚、充满活力。

## 四、餐饮、酒吧

餐饮业、酒吧和娱乐业这样的行业，装修华丽是有必要的。可以用大理石地面、金属色的表面、流动的水、适当的灯光、明亮的镜子或宽叶的植物。另外要增加动感以及弧形的线条或不规则造型。体现“方主静、圆主动”的理念。餐馆灯光要明亮，最好有灯光直接射在餐桌上，可以增强食欲。

大门朝北的饭店，光亮更要强烈，因为大门朝北属阴，要用阳性的强光来平衡。餐厅的人流走向不能混杂，要尽量保持每张桌子的安静，不受人流的干扰。

做固定客户群的商家，门面要小；做散客的商家，门面要大；因为固定客户群是否进入与门面的大小无关，他们大多和店主熟悉，反希望门面小，相对安静，能和店主交流。做服装、日用品的门面要大，做咖啡馆、会所、画廊等门面要小，因为服装店人流较大，客户以逛为主，不一定就买。而咖啡馆进门就是消费的，并且不会经常进出，讲求隐私。

## 五、咖啡馆

咖啡馆是相对安静、讲求情调的场所。客人在此消费，要有舒适感、安全感。背景音乐是看不到的装饰，要合乎情调，增加情调。灯光是可观的最后一道装饰，有提升整体效果的作用。另外咖啡馆特别强调的是所有座位都尽量安排有靠，要么靠窗，要么靠墙，不能安排靠窗、靠墙的可以在座位旁设计栏杆作为依靠，原则上要让每个座位尽量都有靠，并且每个座位都要相对安静、舒服，避免冲煞、光煞、冷气煞、噪音煞等不利因素。

## 第四节　屏风和影壁

北京的四合院，进门口都有一个砖砌的影壁，目的就是防邪防鬼，传说鬼是不会转弯的，让其尝到碰壁才能令其逃走。在这种居住民俗的影响下，影壁墙在院落装饰装修中大行其道，并成为院落风水中和谐的景致之一。通常简洁的办法就是在上面写一个“福”字，或下些工夫刻吉祥的浮雕画（图 5.13）。

图 5.13　影壁墙

影壁与大门宜形成相互陪衬、相互烘托的关系，院落玄关中影壁的遮掩作用，给院内聚首与家庭活动增添了私密性，这从家居风水角度来说是吉兆。

影壁的修造安置在风水上讲究导气，气不能直冲厅堂或卧室，否则不吉。影壁不论设在门外或门内，应保持气畅，忌无挡风，不能起到遮蔽视线的作用。

影壁墙面宜有装饰，如九龙壁等吉祥图案，则宜造成对景效果。

风水影壁忌形成围堵风水之势，让庭院陷入闭塞。影壁忌形成毫无意义的风水造景。其图案不宜恐怖或抽象，忌整体空间层次呆滞、单一无流畅、空灵之感。

过去的四合院和古代建筑，为什么大门内外都有个“影壁墙”？影壁墙是针对冲煞而设置的。风水学中，无论河流还是马路，都忌讳直来直去。《水龙经》云：“直来直去损人丁”，一语道破天机。如无“影壁墙”，气流则直来直去，有了影壁墙，气流要绕着影壁而行。这一绕，轨迹成了“S”形，由于气流减慢，气则不散，符合“曲则有情”的原理。北京故宫中，毫无例外地每一院每一宫都设有影壁墙，不同的是，有的为砖砌，有的为木制，有的为玉石。影壁除了可使进气的气流呈 S 形路线，而且由于气流减速接近了人体气血运行速度，二者流速相差不大，人就产生舒适感，十健康和事业都大有裨益。以上两种效果，即气流之符号，气气相符，才是影壁存在的价值。

照壁的功能与风水结构中的朝山、案山是相同的，它使栖息地或直接生镜处于一种不可知的神秘状态，给闯入者以威慑。对一个不知虚实的庇护所，人与动物一样，是不敢贸然进犯的。

至于屏风，顾名思义，屏乃屏蔽，风乃空气之流动，屏风是挡住气流的家具，功同影壁，可谓活动式、可拆式的影壁。屏风、影壁都能满足人们的私密性和心理安全感的要求。同时影壁、屏风上的书画又满足了人们对美的要求。

《史记·孟尝君传》中说：“孟尝君待客语，而屏风后常有侍史，主记君所与客语。”可见春秋战国时代就有屏风了，而这时期正是以“气化论”为核心的中医经典著作《黄帝内经》成书的时期，屏风作为同时代的产物不可能没有气的互相渗透。《荀子·大略》也说：“天子外屏，请侯内屏”。比较舒适的位置是使对方处于不太安定的座位。

影壁上也有开门的，如山东曲阜的孔府的影壁可打开，是为皇帝专用的，因为皇帝是天子，不可绕道而过。

## 第五节　家具、色彩、绘画、鱼缸、图腾、石狮子与风水

### 一、家具

风水理论认为家具应置于气区，置于新鲜空气通过的区域内，并且不影响空气流动，并置于适宜的光线之下。它应与其他室内要件相协调，并要以平衡的方式排布，大多数风水理论都是建立在阴阳平衡和协调的原则之上的。

偏爱象征语言的古人，经常象征性地布置住宅。有表示长寿的龟形椅，有象征苍天赐福的圆桌。

早在几千年前，家具设计就是中国人所关心的问题。古代的皇帝耗费大量钱财，用于室内装饰，并用来布置皇宫。龙凤等许多好运的符号都被雕刻在屏和各种家具上，以助长好风水。皇帝及其家族所用的椅子、书案、床、马车以及工具都设计得令人舒适，以祈带来好运，其安置也旨在获得气。

例如皇帝的座椅，有一个很大的靠背，为他提供支持和保护；扶手向外伸展，犹如马蹄铁一般。座椅放在用吉祥符号镶嵌的雕屏前，整个宝座安置在台上，这样，比起他的臣民，皇帝更显得高高在上了。

## 二、色彩

颜色在中国古代也看得很重要。黄色只能用于皇室，绿色为臣民所用。红色象征幸福、名望、荣耀和运气，红色常用于节日、婚庆及其他欢快的场合。为慈禧太后六十大寿而建的养心殿，被漆成表示长寿的红、橙、黄、绿四色。明代修建的位于北京的天坛，其基底是用上釉的蓝色瓦环绕起来的，这样做，是为了取悦于天帝和皇祖。

即使在今天，色彩同样具有象征意义。红色代表吉祥，绿色代表长寿，黄色代表权力，蓝色代表上天赐福，白色代表纯洁。

一般而言，红色具有强烈、活跃的特性；绿色则有令人宁静舒适的感觉；黄色有使人觉得友善、快乐和理智、稳重的倾向；黑色对某些人来说令人沮丧不安；白色是较中性的颜色，虽然没有个性，但使人感到纯洁可爱；而粉红色常有令人萎靡不振、丧失理智的感觉。

根据中国传统五行学说，五行配有五色属性，五行既然涵盖着时间和方位，同样，时间和方位也有五行属性。即：一年四季，春木为绿色，夏火为红色，秋金为白色，冬水为黑色，四隅土为黄色。在方位上，东方属木为绿色，南方属火为红色，西方属金为白色，北方属水为黑色，中央属土为黄色。

风水理论认为性格暴躁的人属阳性，应生活在冷色调阴性的环境中，易于稳定情绪；性格温和的人宜生活在暖色调的环境，便于提高激情，体现了它的平衡原则。

## 三、绘画

古山水画源于风水师所绘风水佳地图，后发展为山水画，正如古代画云“山之体，石为骨，林木为衣，草为毛发，水为山脉，云烟为神采，岚露为气象，寺观、村落、桥梁为装饰也”。因为绘画具有调整风水的作用。

古人认为，平衡是最佳设计的本质。在古代的家庭或店铺，墙上的装饰品、绘画、书法及装饰花纹，都是平衡的双数。在醒目的墙上见到“囍”（双喜）这样的字体，这是婚嫁宴会必不可少的。

一幅好的风景画所描绘的是自然环境中阴阳两种力量的平衡。坚固的岩山、崎岖的山峦与缓缓的水流、白云相对照。植物和鲜花（包括竹和菊）的图画表示好运与持久；传奇式的人物经常会在重要建筑和庙宇的门上找到，它被用来驱除邪恶。

## 四、鱼缸

鱼缸的水和鱼有一种生生不息的感觉，也可以为单调的室内带来活泼的生气。

就鱼缸而言，圆形的鱼缸，五行属水，可以生旺水，而长形的鱼缸五行属木，水生木，是有情的生助，可作吉论；正方形的鱼缸，五行属土，土克水，不宜选择正方形的鱼缸。三角形或八角形的鱼缸，五行属火，遇水相克，不宜选用。根据以上分析，最吉利的形状是长方形和圆形。

鱼一般分为三大类：

咸水鱼：咸水鱼是用接近海水咸度的水来饲养，其颜色鲜艳，令人赏心悦目，是容易死掉的。

热带鱼：热带鱼的饲养比较困难，必须精心照料，否则是容易死掉的，家中的生物常常死掉，不是一个好兆头。

金鱼：一般金鱼的生命力都比较强，比较耐养，容易打理，一般家庭适宜饲养金鱼来催财。

常见有些家庭喜欢在客厅中摆放许多假花假草，表面上看来虽然赏心悦目，实际上却并不能让人健康。植物在晚间会释放二氧化碳，消耗氧气，所以不宜摆放过多花草。

人们常把鱼缸安放在家中或办公室，风水上认为，放鱼缸特别吉利，鱼缸是自然的缩影，是现代人与自然界交流的一个方面，同时鱼象征成功，象征生命，水又象征财富，现代建筑装饰理论认为现代居住环境中放置一些自然的东西，是对人与自然交流的缺乏的补充。

鱼缸不应放在神像之下，特别是挂神或福、禄、寿三像，否则容易破财。

鱼缸不适合放置在电器用品附近，如电视机上方、音响旁边，不适合放置在日光可直射的场所，不适合放置在倾斜或不稳固的场所，如不坚定的架子。

鱼缸不适合放置在床头，若是鱼缸放置在电器旁，水气易损坏电器，电磁波、声响也会使鱼儿烦躁。阳光直射水槽，容易滋生藻类，造成水质恶化，水温上升，引起鱼儿及水草的死亡。

### 五、图腾

象征力量和权力的动物常被雕或铸在瓷器或青铜器上，然后放在住宅四周驱逐鬼。自然界的动物如狮、虎、象，神秘的生物如独角兽，都是常见的。古人认为有避邪作用。动物中象征最有权力的龙，常常被视为力量的象征，放置在皇宫的周围。在室内摆龙最好是靠近水的地方，因为龙遇水即生，适宜放在房屋的北方（水位），不宜放在睡房。已为人们所知的长寿动物，如龟，也被用来象征长寿。还有，鱼的雕塑很多人家都有，因为在汉语中，鱼字听起来同表示成功或丰裕的字相似，马象征效率和活力。

### 六、石狮子（图 5.14）

石狮一般用来镇宅、镇邪、抵挡煞气、增加威严的，但狮口一定要向外，放在大门两侧。广泛使用于寺庙、佛塔、府邸、园林、陵墓。其实狮子的故乡在非洲、南美洲，中国本来没有狮子，是从西域传来的。随着佛教的传入，被佛教推崇的狮子或是成了人们心中的高贵灵兽。唐代、明代、清代的石狮子风格不一，唐代石狮子外形较为凶猛，明代、清代石狮子外形较为温和。按照阴阳哲理，雄师立左，雌狮立右，雄师一般脚踩绣球，嘴张开。雌狮脚下有小狮，嘴闭着，隐喻佛教的“阿弥”发音的嘴形。石狮子现在同时用在现代建筑中，起镇宅、威武、避煞的作用。

图 5.14　石狮子

# 附 录

## 风水吉祥物

1. 驱邪物品

驱邪物品大多与心理暗示有关，由于几千年长期形成的固定说法对人的心理暗示，还有谐音对人产生的心理暗示，还有就是物体本身的特征、特性对人产生的心理暗示。

水晶（图 6.1）：水晶球有化煞生财的功能，据说常用电脑的人挂水晶对人体有利。

风铃：风铃悦耳的声音震动空气，激活能量。铜风铃性属金，可激活室内金属的能力。

图 6.1 水晶球

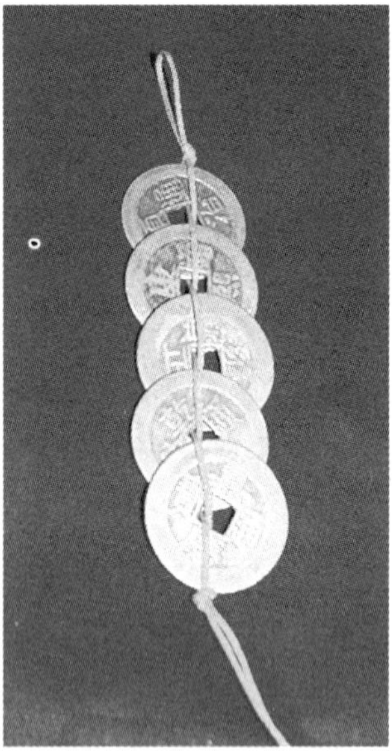

图 6.2　五帝钱

图 6.3　铜金鸡

石狮子：可加强屋主的阳气、霸气。

五帝钱（图 6.2）：五帝钱是指清朝顺治、康熙、雍正、乾隆、嘉庆五个皇帝时间的铜钱，可挡煞、辟邪。

铜金鸡（图 6.3）：因为金鸡食虫和报晓，被人作为驱邪的物件。

大铜钱：放在门口地上，用以对付开门见楼梯或电梯之煞。

2. 主吉祥长寿物品

寿星/麻姑：寿星（图 6.4）就是南极仙翁，相貌慈祥，是长寿之星。麻姑曾见东海三次变桑田，为女性老人祝寿，宜选用麻姑造型。

仙鹤/龟：仙鹤是羽族之长，又称一品鸟，是长寿的动物，又有仙禽之称。

龟的寿命也是很长的，龟龄鹤寿常放在一起使用。

松柏：松柏耐寒，是常青树，树龄长，因此以松柏喻长寿。

图 6.4 寿星

3. 主除病吉祥物品

葫芦：在人类文化史上，有过葫芦的崇拜时期。代表了驱走病魔、夫妻恩爱、子孙延绵等意思。

五宝兽：五宝是指老虎、蟾蜍、蜈蚣、蝎子和蛇，也称五毒。其作用是除恶疾，保平安。

4. 主聪明吉祥物品

文昌塔：是最常使用的助学工具，还有利于文职工作者。

三元及第（图 6.5）：将三个元宝摆放在一起，上面一个，下面两个承托，叫三元及第，有学业有成的意思。

图 6.5　三元及第

文昌帝君、魁星（图 6.6）：此二神皆管文章。

图 6.6　魁星

玉蝉（图 6.7）：蝉代表清纯，亦指蝉联，古代曾以蝉代表第一，为富贵吉祥物品。

图 6.7　玉蝉

牡丹：牡丹代表富贵，国色天香，是富贵的象征。

如意（图 6.8）：如意是一支弯曲的法器，意义就是如愿以偿的意思。

图 6.8　如意

5. 主添丁吉祥物品

麒麟（图 6.9）：麒麟与添丁有关，是源于麒麟送子的典故。相传孔子出生时，有麒麟衔玉书来到他家，所以麒麟可作招财添丁化煞之用，用途非常广泛。

石榴：古人认为儿孙满堂为福，而石榴有榴开百花的含义。

图 6.9　麒麟

6. 主升职吉祥物品

鹿：鹿禄同音，禄为官禄。

7. 主旺财吉祥物品

睚眦（图 6.10）：龙生九子，睚眦就是其一。其物好杀，尤利偏财赌博。

图 6.10　睚眦

貔貅（图 6.11）：貔貅也是一种瑞兽，性喜偏财。貔貅喜食四方财，无肛门，只进不出。

图 6.11　貔貅

灵蟾吐钱（图 6.12）：三条腿的蛤蟆叫做蟾，会吐金钱，给人们代来财运。

图 6.12　灵蟾吐钱

鱼缸：山主贵，水主财，鱼缸有很强的催财作用。

龙龟（图 6.13）：瑞兽一种，主吉祥招财。龙龟放在财位可催财。

图 6.13　龙龟

马：其性质为驿马，主动、健康、马到成功的作用。

铜大象（图 6.14）：大象善于吸水，水为财，凡家居大窗见海或水池，称为“明堂聚水”，若摆放一只铜大象在家中，则大财小财均为已所纳。

**图 6.14　铜大象**

龙（图 6.15）：瑞兽，生旺化煞，强青龙、增阳气、吸财气。

**图 6.15　龙**

8. 主婚恋吉祥物品

莲藕：莲与连同音，比喻相连、爱怜的意思。而藕与偶同音，是成双成对的意思。

9. 主平安吉祥物品

瓶器：花瓶的瓶与平安的平同音。在家中摆放花瓶希望家人平安。

心经：佛教的经文，是唐三藏念的般若波罗密心经，放置客厅，对佛教信徒来说是镇宅之宝。

# 结束语

这些年房屋建筑设计中流行欧陆风、澳洲风，其实这只是对建筑形式的表层借用。大量建筑是作为城市总体面貌中绵延的背景，只有少数建筑能成为标志性建筑，而我国建筑已从满足有“一席之地”向更高的标准发展。因此我们在借鉴欧美成熟建筑理论的基础时要有突破和创新，要重视中国古代的造园学和风水学、营造学。造园学已经广泛运用于园林修复和建造，营造学由于当时的技术水平的局限性很多已不被运用，而风水学一直在民间流传。在当今时代，研究风水理论有十分积极的作用。清华大学建筑系景观研究所所长孙凤岐说：风水并不全是迷信，在什么地方建房子，在什么地方不该建房子，我们祖先琢磨出一套经验理论，这是有科学依据的，古代的风水一说很讲究人与建筑和环境的关系。

①古代风水理论虽然存在糟粕、迷信成分，但它对古代人文景观的修复、“造旧如旧”有理论指导作用，并且提供了不少有待研究的课题和方向。日本学者郭和掘输说：“离开风水就无法真正理解中国的传统建筑”。现代都市的发展已出现越来越多的新的“房屋病”，不少现代科学不能解释的现象，往往可以用古代风水理论去证明，需要综合建筑学、心理学、交通工程学、美学、哲学等各门学科的研究人员共同研究。

古代风水理论，特别是“形法”的理论，至今仍然对规划选址有指导作用，并且对水、土壤、风向、空气质量、环境提出要求。而这些要求正是随着现代建筑的发展越来越引起人们重视的问题，现代越来越多的由于高压线电磁波的影响，以及装饰房中甲醛等影响引起官司纠纷，也证明在这些方面研究的薄弱，同时也提醒人们以借鉴古代风水理论作为研究的方向选择。

古代风水理论对单体建筑的要求，也揭示了现代不少建筑物出现问题的根本。人们对现代建筑物第五面的要求，三维美观、藏形于势的要求以及高层楼宇空气动力影响，都说明了其实古风水理论已用一种自己的语言提醒人们的注意，随着研究的深入也被逐步证明它的实用性。

在室内设计中，港台地区对古代风水理论的研究比较热烈，但也有个别充满迷信色彩；而室内的平衡布置，东方人独特的心理要求，是建筑学和装饰理论的补充。

②风水也是一种文化形式。在现今人们热衷收藏古董时，我们应对古建筑，哪怕是残垣断壁都应好好保护，面对不能认识的一些现象和问题，先把它保护好，等日后随着科学技术的发展和人们认识的提高，再来研究它。

日本在二战结束后的重建，用历史文化毁坏的代价换得大规模经济发展，在大兴土木的夹缝中，历史文化所遗寥寥无几，至今让日本人感到惋惜。日本人现在对历史的一草一木均视为文化遗产，倍加爱护，达到了偏执的地步。

拿破仑兵营修复时，由于一些楼梯损坏，对新补的楼梯用新材料补修的，标识上明显地显示出哪些是新修的，哪些是原来的，让人一目了然，体现了对原物的充分尊重。其实所流行的“造旧如旧”的说法更加体现出对历史的尊重。我们现在的造旧如旧，恢复了形式，失去了内涵，以及古建筑原来的真实风貌，并且我们现在有些地方政府为了标榜对古建筑的重视，大肆恢复，有时由于原来的位置已有建筑，因此将新恢复的古建筑换一个位置，岂不知这些建筑当初的选址有相当的讲究和内涵。

③当现代人们对食品健康的要求，几乎有些过分的时候，其实居住健康同样十分重要。而古代风水理论中拥有大量的居住健康的科学理论。现代社会，我们要研究总结古人的风水理论，对

构筑现代和谐居家理念有十分重要的意义。刘策教授提出“房屋病”的概念有相当的积极意义。

# 致　谢

本书脱稿了，感慨颇多，我要感谢我的家人，他们让我有时间去研究写作。他们默默无闻地替我完成了很多我的份内之事，让我有更多的时间去研究、学习。

虽然毕业多年，导师吴胜兴教授，一直要求我在学问上要有科学精神，对本书也提了不少宝贵的指导意见。

在写作过程中，宋明先生帮助做了大量资料整理工作，并且在我困惑时和我共同研究探讨，在此表示感谢。

路漫漫其修远兮，吾将上下而求索。虽然投入了大量时间阅读、思考，以及和同行交流，仍感到有很多不足之处。这些不足之处也是我以后继续研究和学习的动力所在。

作者

2008 年元月

# 参考文献


[1] 李远国，中国古代风水学在现代建筑中的影响与运用，2003

[2] (日) 郭中瑞，中国人街，日本相横书店，昭和 55 年

[3] 韩增禄，关于风水的评价，人民日报第 9 版，1996 年 8 月 23 日

[4] 范文澜，中国通史简编（修订本），第 5 版，人民出版社，1978

[5] 王镛，阴阳五行学说对中国传统科学的影响

[6] 道家文化与现代文明，中国人民出版社，1997

[7] 致雷蒙德的信：论中国哲学，中国哲学史研究，1981

[8] 何祚庥，唯物主义的“元气”学说，中国科学，1975

[9] 古今图书集成·艺术典，中华书局影印铜活字本，1934

[10] 李允禾，华夏意匠，香港广角出版社，1982

[11] 吴承洛，中国度量衡史，商务印书馆，1937

[12] (北宋) 郭熙，林泉高致

[13] 艺林名著丛刊，世界书局，1936

[14] 周霞、刘管平，“天人合一”的理想与中国的古代建筑发展观，建筑学报

[15] (香港) 伍怀璞，家庭改运攻略，博益出版集团有限公司，2001

[16] 怀阳明，图解风水好住宅，高霖国际股份有限公司，2000

[17] (香港) 伍怀璞，办公室改运攻略，博益出版集团有限公司，2001

[18] 亢亮、亢羽，风水与城市，百花文艺出版社，1996

[19] 刘敦桢，中国古代建筑史，中国建筑工业出版社，1980

[20] 潘谷西，中国建筑史，第 2 版，中国建筑工业出版社，1986

[21] 胡京国，古易玄空新探，第 2 版，花城出版社，1998

[22] 廖启东，DIY 家相风水术，初版，大孚书局印行，1999（民 88）
[23] 陈怡魁，家居风水宝典，第 1 版，伊犁人民出版社，2002
[24]（香港）伍怀璞，家庭改运攻略，博益出版集团有限公司，2001
[25]（台湾）怀阳明，图解风水好住宅，高霖国际股份有限公司，2000
[26] 王其亨，风水理论研究，第 1 版，天津大学出版社，1992
[27]（香港）杨定睿，办公室风水一点灵，万里书店，2002
[28] 刘沛林，理想家园——风水环境观的启迪，上海三联书店，2000
[29] 慧缘，慧缘风水学，第 1 版，百花洲文艺出版社，1999
[30]（香港）伍怀璞，办公室改运攻略，博益出版集团有限公司，2001
[31] 何晓昕，风水探源，东南大学出版社，1990
[32]（唐）卜应天、（清）孟浩，雪心赋正解
[33] 贺业钜，中国古代城市规划史论丛，中国建筑工业出版社，1986
[34] 张岱年，“天人合一”自然观是一种全面的观点，北京大学学报，1985 年第 1 期
[35] 罗小未主编，时代建筑，同济大学出版社，1993 年第 1 期
[36] 天津大学建筑系，风水理论研究，天津大学学报，1989 年增刊（建筑学专辑）
[37] 孔毅，家居好风水，中国摄影出版社，2003
[38] 张春华，城市滨水空间景观研究——江苏历史古城护城河的保护与利用探讨，东南大学硕士论文，2001
[39] 郭大力，也说“风水”，新建筑，1993 年第 1 期
[40] 李先逵，风水观念更新与山水城市创造，建筑学报，1994 年第 2 期
[41] 杨锋，“风水”新说，文汇报，1992 年 11 月 12 日
[42] 邵龙飞，为“风水”正名，城市规划汇刊，1994 年第 2 期

[43] 张甘，风水我见，新建筑，1993年第1期

[44]（台湾）徐泓，风水与明初南京皇城宫城的设计规划，台湾大学建筑与城乡研究学报，1993年第12月号

[45] 蔡达峰，《周易》与传统建筑文化，时代建筑，1993年第1期

[46] 高国藩，敦煌古俗与风俗流变，河海大学出版社，1990

[47] 徐苏斌，风水说中的心理场因素，天津大学学报（增刊）

[48] 吴良镛，山水城市与21世纪中国城市发展纵横谈，建筑学报，1993年第6期

[49] 高建新. 衡阳日报. 1997年7月20日

[50] 陈乃明. 家居装饰风生水起. 西泠印社出版社，2004年11月

[51] 孟东篱. 宅运. 陕西师范大学出版社，2005年2月

[52] 世纪人居模式系列论坛之建筑易学与生态景观房产研讨会，风水学与生态建筑

[53] 丁文剑. 建筑环境与中国居家理念. 东华大学出版社，2005

# 图片来源


（1）王其亨，风水理论研究，天津大学出版社，第1版，1992

（2）亢亮、亢羽，风水与城市，百花文艺出版社，1996

（3）刘沛林，理想家园——风水环境观的启迪，上海三联书店，2000

（4）风水学与生态建筑

（5）亢羽，易学堪舆与建筑，第3次印刷，中国书店，2002

（6）其他图片为作者绘制或拍摄